中央党校专家深层次解读

资本是什么

资本的本质和逻辑

张占斌　牛先锋　陈曙光　黄　锟　等◎著

中共中央党校出版社

图书在版编目（CIP）数据

资本是什么：中央党校专家深层次解读资本的本质和逻辑 / 张占斌等著 . -- 北京：中共中央党校出版社，2022.7（2023.1 重印）

ISBN 978-7-5035-7322-4

Ⅰ . ①资…　Ⅱ . ①张…　Ⅲ . ①社会主义市场经济－资本－研究－中国　Ⅳ . ① F123.9

中国版本图书馆 CIP 数据核字（2022）第 094354 号

资本是什么——中央党校专家深层次解读资本的本质和逻辑

策划统筹　任丽娜
责任编辑　桑月月　马琳婷　牛琴琴
责任印制　陈梦楠
责任校对　王　微
出版发行　中共中央党校出版社
地　　址　北京市海淀区长春桥路 6 号
电　　话　（010）68922815（总编室）　（010）68922233（发行部）
传　　真　（010）68922814
经　　销　全国新华书店
印　　刷　中煤（北京）印务有限公司
开　　本　710 毫米 ×1000 毫米　1/16
字　　数　187 千字
印　　张　18.25
版　　次　2022 年 7 月第 1 版　2023 年 1 月第 2 次印刷
定　　价　68.00 元

微 信 ID：中共中央党校出版社　　　**邮　　箱：**zydxcbs2018@163.com

PREFACE

前言

发挥资本作为重要生产要素的积极作用

资本是社会主义市场经济的重要生产要素，在社会主义市场经济条件下规范和引导资本发展，既是一个重大经济问题、也是一个重大政治问题，既是一个重大实践问题、也是一个重大理论问题，关系坚持社会主义基本经济制度，关系改革开放基本国策，关系高质量发展和共同富裕，关系国家安全和社会稳定。必须深化对新的时代条件下我国各类资本及其作用的认识，规范和引导资本健康发展，发挥其作为重要生产要素的积极作用。

在党的百年奋斗历程中，我们坚持马克思主义基本原理，从我国国情和不同时期主要任务出发，不断深化对资本的认识，不断探索规范和引导资本健康发展的方针政策。党的十一届三中全会实行改革开放以后，我们破除所有制问题上的传统观念束缚，认为资本作为重要生产要素，是市场配置资源的工具，是发展经济的方式和手段，社会主义国家也可以利用各类资本推动经济社会发展，逐步确立了公有制为主体、多种所有制经济共同发展，按劳分配为主体、多种分配方式并存，社会主义市场经济体制等社会主义基本经济制度，提出并坚持毫不动摇巩固和发展公有制经济，毫不动摇鼓励、支持、引导非公有制经济发展。

党的十八大以来，我们坚持和完善社会主义基本经济制度，并把“两个毫不动摇”写入新时代坚持和发展中国特色社会主义的基本方略，作为党和国家一项大政方针进一步确定下来。我们全面深化改革，强调使市场在资源配置中起决定性作用、更好发挥政府作用，为各类资本发展营造更加有利的市场环境和法治环境。我们强化反垄断，防止资本无序扩张，有效防范风险，维护市场公平竞争。我们着力防范和化解金融风险，克服经济脱实向虚的倾向，重点解决不良资产风险、泡沫风险等。我们持续扩大对外开放，着力构建以国内大循环为主体、国内国际双循环相互促进的新发展格局，建设更高水平开放型经济新体制。我们对资本性质的理解逐步深化，对资本作用的认识更趋全面，对资本规律的把握更加深入，对资本运行的治理能力不断提高。

我国改革开放40多年来，资本同土地、劳动力、技术、数据等生产要素共同为社会主义市场经济繁荣发展作出了贡献，各类资本的积极作用必须充分肯定。现阶段，我国存在国有资本、集体资本、民营资本、外国资本、混合资本等各种形态资本，并呈现出规模显著增加、主体更加多元、运行速度加快、国际资本大量进入等明显特征。

必须坚持党的领导和我国社会主义制度，牢牢把握正确政治方向，坚持问题导向、系统思维，立足当前、着眼长远，坚持疏堵结合、分类施策，统筹发展和安全、效率和公平、活力和秩序、国内和国际，注重激发包括非公有资本在内的各类资本活力，发挥其促进科技进步、繁荣市场经济、便利人民生活、参与国际竞争的积极作用，使之始终服从和服务于人民和国家利益，为全面建设社会主义现代化国家、实现中华民族伟大复兴贡献力量。

要加强新的时代条件下资本理论研究。在社会主义制度下如何规范和引导资本健康发展，这是新时代马克思主义政治经济学必须研究解决的重大理论和实践问题。要深入总结新中国成立以来特别是改革开放以来对待和处理资本的正反两方面经验，深化社会主义市场经济条件下资本理论研究，用科学理论指导实践，促进各类资本良性发展、共同发展，发挥其发展生产力、创造社会财富、增进人民福祉的作用。

要历史地、发展地、辩证地认识和把握我国社会存在的各类资本及其作用。在社会主义市场经济体制下，资本是带动各类生产要素集聚配置的重要纽带，是促进社会生产力发展的重要力量，要发挥资本促进社会生产力发展的积极作用。同时，必须认识到，资本具有逐利本性，如不加以规范和约束，就会给经济社会发展带来不可估量的危害。我们要立足新发展阶段、贯彻新发展理念、构建新发展格局、推动高质量发展，正确处理不同形态资本之间的关系，在性质上要区分，在定位上要明确，规范和引导各类资本健康发展。

要正确处理资本和利益分配问题。我国社会主义的国家性质决定了我们必须坚持按劳分配为主体、多种分配方式并存，在社会分配中体现人民至上。要注重经济发展的普惠性和初次分配的公平性，既注重保障资本参与社会分配获得增殖和发展，更注重维护按劳分配的主体地位，坚持发展为了人民、发展依靠人民、发展成果由人民共享，坚定不移走全体人民共同富裕的道路。

要深化资本市场改革。要继续完善我国资本市场基础制度，更好发挥资本市场功能，为各类资本发展释放出更大空间。要健全产权保护制度，深入推进实施公平竞争政策，全面落实公平竞争审查制度，消除各种市场壁垒，使各类资本机会平等、公平进入、有序竞争。要完善开放型经济体制，不断提高对外开放水平，促进投资便利化，以优质市场环境吸引更多国际资本在我国投资兴业。要支持和鼓励我国资本和企业走向世界。

要规范和引导资本发展。要设立“红绿灯”，健全资本发展的法律制度，形成框架完整、逻辑清晰、制度完备的规则体系。要以保护产权、维护契约、统一市场、平等交换、公平竞争、有效监管为导向，针对存在的突出问题，做好相关法律法规的立改废释。要严把资本市场入口关，完善市场准入制度，提升市场准入清单的科学性和精准性。要完善资本行为制度规则。要加强反垄断和反不正当竞争监管执法，依法打击滥用市场支配地位等垄断和不正当竞争行为。要培育文明健康、向上向善的诚信文化，教育引导资本主体践行社会主义核心价值观，讲信用信义、重社会责任，走人间正道。

要全面提升资本治理效能。要总结经验、把握规律、探索创新，增强资本治理的针对性、科学性、有效性，健全事前引导、事中防范、事后监管相衔接的全链条资本治理体系。要深化监管体制机制改革，坚持依法监管、公正监管、源头监管、精准监管、科学监管，全面落实监管责任，创新监管方式，弥补监管短板，提高资本监管能力和监管体系现代化水平。法律法规没有明确的，要按照“谁审批、谁监管，谁主管、谁监管”的原则落实监管责任。要加强属地监管，地方要全面落实属地监管责任，确保监管到位。要完善行业治理和综合治理的分工协作机制，加强行业监管和金融监管、外资监管、竞争监管、安全监管等综合监管的协调联动。要精准把握可能带来系统性风险的重点领域和重点对象，增强治理的预见性和敏捷度，发现风险早处置、早化解。

要加强资本领域反腐败，保持反腐败高压态势，坚决打击以权力为依托的资本逐利行为，着力查处资本无序扩张、平台垄断等背后的腐败行为。

规范和引导资本健康发展是党领导经济工作的重要内容。各级党委（党组）要把思想和行动统一到党中央决策部署上来，切实承担起主体责任，提升资本治理本领，加强政策宣传和预期引导，坚决防范发生系统性风险。

目录

▶CONTENTS

第一章
马克思对资本的认识

马克思对资本的认识，可以称为资本批判理论。在批判德国古典哲学、英国古典政治经济学、英法空想社会主义的过程中，马克思对“资本”概念的思考全面超越了前人的理论，由此形成了在资本问题上的创新性理解。相比于英国古典政治经济学单纯从“物的积累”的狭隘视域把握资本概念，马克思立足资本主义时代则是从唯物史观的视角来把握资本的，他将资本的本质理解为具体的社会关系，而其中最为根本的是生产关系。

一、资本的双重表现：一般的物（货币）与社会关系

按照马克思的观点，资本是能够带来剩余价值的价值。从生产的一般过程来看，资本同其他生产要素一样，都是社会生产中不可或缺的要素；从普遍形态上来看，资本表现为物，一般以货币的形式呈现。但是资本不同于普通的货币，只有在劳动力转化为商品的前提下，货币才能转化为资本，而劳动力转化为商品却是在特定的社会条件下出现的。马克思透过资本的货币形态发

现："资本不是物，而是一定的、社会的、属于一定历史社会形态的生产关系，它体现在一个物上，并赋予这个物以特有的社会性质。资本不是物质的和生产出来的生产资料的总和。"[①]这是对资本本质的深刻揭示。资本具有物（货币）的一般属性，本质上又是生产关系和生产的社会性质的反映。马克思这一独特见解，为正确理解资本开辟了一条新途径。

首先，作为一般的物，资本是一种生产要素。资本作为一种能带来剩余价值的价值，在商品经济条件下，作为资本的生产资料和劳动力，都是价值创造过程中所必不可少的条件。其中，用于购买劳动力的可变资本是价值创造的源泉，而作为生产资料的不变资本也是价值创造过程中不可或缺的劳动对象，两者按照一定比例恰当配置，生产活动才能顺利展开。一方面，生产活动没有活劳动的投入不行；另一方面，离开了生产资料这个物质条件，价值创造也是不可能实现的。所以，资本是商品生产所必需的生产要素，核心问题就是如何实现生产要素的合理配置。这一认识也是西方经济学的传统，他们一直把资本当作物质财富创造中的生产要素来对待。

其次，资本并不仅仅是生产要素，更重要的是它反映了一种社会关系。马克思曾经多次提到过，资本不是物，而是一定的生产关系，但是资本又"体现在一个物上，并赋予这个物以特有

① 《马克思恩格斯全集》第25卷，人民出版社1974年版，第920页。

的社会性质”。这个“特有的社会性质”就是资本主义社会性质，即以资本雇佣劳动为基础的社会性质。资本作为一种社会关系，它的本性就是最大限度地追求价值增殖，即通过占有雇佣劳动所创造的、超过他们劳动力价值之上的剩余价值。可见，资本虽然是物，但又不是一般的物，它的本质是一种特有的社会关系，这种社会关系的力量就是借助于物的力量来实现和发展的。

资本的双重表现决定资本具有双重作用：一重是借助于物的力量而产生的创造文明的作用，另一重则是从社会关系中产生的追求价值增殖的作用。在马克思的视域中，资本双重作用是内在结合在一起的，而不是分离开来的两种作用。资本的本质是社会关系，载体则是生产要素；生产要素只有被纳入社会关系之中才能成为资本。

二、资本的双重作用：创造文明与追求价值增殖

创造文明的作用。马克思充分肯定了资本的伟大历史意义：“资产阶级在历史上曾经起过非常革命的作用”[①]，这是从资产阶级推翻封建社会从而实现历史进步的角度而言的；“资产阶级在它的不到一百年的阶级统治中所创造的生产力，比过去一切世代创造的全部生产力还要多，还要大”[②]。资本主义“创造了完全不同

① 《马克思恩格斯选集》第1卷，人民出版社1995年版，第274页。

② 《马克思恩格斯选集》第1卷，人民出版社1995年版，第277页。

于埃及金字塔、罗马水道和哥特式教堂的奇迹；它完成了完全不同于民族大迁徙和十字军东征的远征”[①]。马克思充分肯定了资本所创造的文明成果，深刻揭示了资本创造文明的作用。

首先，资本给社会发展带来了三个“有利于”。马克思指出：“资本的文明面之一是，它榨取剩余劳动的方式和条件，同以前的奴隶制、农奴制等形式相比，都更有利于生产力的发展，有利于社会关系的发展，有利于更高级的新形态的各种要素的创造。”[②]在资本主义社会里，“由于劳动是雇佣劳动，劳动目的直接就是货币，所以一般财富就成为劳动的目的和对象。作为目的的货币在这里成了普遍勤劳的手段。生产一般财富，就是为了占有一般财富的代表。这样，真正的财富的源泉就打开了”。[③]正是由于这一原因，资本主义才能迅速发展起来，人类的地域史才发展为世界史，第一大社会形态才发展为第二大社会形态。

其次，资本的文明面还表现在对世界市场的开拓和对旧生产方式的取代上。“创造世界市场的趋势已经直接包含在资本的概念本身中”。对于资本来讲，“任何界限都表现为必须克服的限制。首先，要使生产本身的每一个要素都从属于交换，要消灭直接的、不进入交换的使用价值的生产，也就是说，要用以资本为基础的生产来代替以前的、从资本的观点来看是原始的生产方

① 《马克思恩格斯选集》第1卷，人民出版社1995年版，第275页。

② 《马克思恩格斯全集》第25卷，人民出版社1974年版，第925—926页。

③ 《马克思恩格斯全集》第30卷，人民出版社1995年版，第174页。

式”。[1]资本主义正是凭借着商业、货币而消灭着一切前资本主义社会。这一过程对于落后民族可能是痛苦的，但对于人类却是一种进步，因为它在客观上导致了人与人之间的世界性联系，“过去那种地方的和民族的自给自足和闭关自守状态，被各民族的各方面的互相往来和各方面的互相依赖所代替了。物质生产是如此，精神的生产也是如此。各民族的精神产品成了公共的财产。民族的片面性和局限性日益成为不可能”。[2]

最后，资本的文明面还表现出许多“不同于以往一切生产阶段的全面趋势”[3]。这些趋势包括：无限度地提高劳动生产力的趋势、利用科学和集体力的趋势、促使分工越来越多样化的趋势、不断扩大流通范围的趋势、人的政治解放的趋势、传播文明的趋势。现代人的自由、平等观念，本质上也是市场交换的结果而不是它的起因。我们只有在对这些趋势的理解中，才能理解市场经济的历史地位，理解第二大社会形态必然取代第一大社会形态的根源，理解现代社会的真正起源。

追求价值增殖的作用。这是资本更为根本性的作用。马克思指出：“资本只有一种生活本能，这就是增殖自身。”[4]从资本发展的历史和实践来看，无论是商业资本、生息资本、产业资本还是金融资本；无论是私有资本还是公有资本；无论是古老形式的资

① 《马克思恩格斯全集》第30卷，人民出版社1995年版，第391页。

② 《马克思恩格斯选集》第1卷，人民出版社1995年版，第276页。

③ 《马克思恩格斯全集》第46卷（下），人民出版社1980年版，第34页。

④ 马克思：《资本论》第1卷，人民出版社1975年版，第260页。

本还是现代形式的资本，它们都具有共同的一般的属性，这就是实现尽可能多的价值增殖。所以，资本是可以自行增殖的价值："资本本身总是表现为这种会直接自行增殖的价值。"①

通过对商品流通的两种形式的分析，马克思揭示了商品生产者对价值增殖的追求是没有止境这一原理。马克思指出，商品流通有两种形式，"商品流通的直接形式是W-G-W，商品转化为货币，货币再转化为商品，为买而卖……另一形式G-W-G，货币转化为商品，商品再转化为货币，为卖而买"②。从流通的目的来看，W-G-W的目的是使用价值。G-W-G的目的是交换价值，不仅要从流通中取出原来投入的货币，而且要取出多于原来投入的货币，因此，"这个过程的完整形式是G-W-G'。其中的G'=G+ΔG，即等于原预付货币额加上一个增殖额"③。"在为卖而买的过程中，开端和终结都是一样的，都是货币，都是交换价值，单是由于这一点，这种运动就已经是没有止境的了"④。

按资本价值增殖的条件和源泉来看，马克思将资本分为不变资本，即原料和劳动工具；可变资本，即可以同活的劳动能力相交换的生活资料。价值增殖的条件是不变资本，价值增殖的源泉是可变资本，是劳动力的劳动。马克思在论述剩余价值怎样生产时说："资本只有同劳动交换，只有引起雇佣劳动的产生，才能

① 马克思：《资本论》第3卷，人民出版社1975年版，第679页。
② 马克思：《资本论》第1卷，人民出版社1975年版，第168页。
③ 马克思：《资本论》第1卷，人民出版社1975年版，第172页。
④ 马克思：《资本论》第1卷，人民出版社1975年版，第173页。

增加起来。”“资本若不剥削劳动就会灭亡，而要剥削劳动，资本就得购买劳动。”[①]马克思关于不变资本和可变资本的划分，说明了资本的不同部分在价值增殖中的不同作用，证明了剩余价值来源于可变资本，来源于对工人的剥削。这一理论对于了解资本家对工人的剥削程度，也有重要意义。

在研究资本周转时，马克思根据资本价值的周转性质和方式的不同，将资本区分为固定资本和流动资本。这一区分的目的是要考察资本的周转速度或者说是资本的运动速度及这种速度对剩余价值生产的影响、对剩余价值的流通或实现的影响。马克思认为，就资本的外部关系而言，流动资本较之固定资本更能表现资本的本性。因为流动资本周转一次的时间较之固定资本要短得多，流动资本所占的比重越大，预付资本的总周转速度就越快，带来的利润也越多。所以，资本更喜欢流动资本，可以不停地运动，不断地改变自己的存在形式，可以与任何一种使用价值的存在形式相适应而使自己增殖。马克思将资本构成划分为固定资本与流动资本，是对资本研究的一个重大理论贡献。

当然，资本价值增殖的本性决定了，如果社会不对之加以限制，必然会产生负面效应。正如马克思在《资本论》中所引用的一段名言：“资本害怕没有利润或利润太少，就像自然界害怕真空一样。一旦有适当的利润，资本就胆大起来。如果有10%的利

---

① 《马克思恩格斯全集》第6卷，人民出版社1979年版，第366页。

润，它就保证到处被使用；有20%的利润，它就活跃起来；有50%的利润，它就铤而走险；为了100%的利润，它就敢践踏一切人间法律；有300%的利润，它就敢犯任何罪行，甚至冒绞首的危险。”[①]在马克思看来，资本必须不顾市场限制进入各个领域，扩大生产规模，非此不能保证自身的存在。由此引发的比例失调、消费不足、利润率下降等导致生产的无政府状态，使资本处于“恶性循环”即周期性的经济危机中。经济危机必然激化社会矛盾和冲突，使社会日益两极分化：一极表现为资产者的财富积累，另一极则表现为无产阶级方面的贫困、受折磨、受奴役的积累。总之，资本在实现价值增殖的过程中会不断导致经济危机和贫富两极分化，引发社会矛盾。

三、资本的双重逻辑：广义与狭义

所谓资本的逻辑，就是资本运动的内在规律和必然趋势，它以一种必然如此的方式贯穿资本的发展过程之中，并通过一系列的经济环节及其相互作用而得以具体体现。[②]资本具有双重逻辑，即狭义的资本逻辑与广义的资本逻辑。

狭义的资本逻辑指的是资本自身的逻辑，即从商品逻辑到货币逻辑再到资本逻辑的递进发展过程以及“利用资本消灭资本”

① 《马克思恩格斯选集》第2卷，人民出版社2012年版，第297页。

② 参见丰子义：《全球化与资本的双重逻辑》，《北京大学学报》2009年第4期。

的整个资本逻辑的形成、发展过程。这种逻辑最终导致“资本不可遏止地追求的普遍性，在资本本身的性质上遇到了限制，这些限制在资本发展到一定阶段时，会使人们认识到资本本身就是这种趋势的最大限制，因而驱使人们利用资本本身来消灭资本”①。

广义的资本逻辑指的是资本作用的逻辑，即资本逻辑以“普照的光”的形式影响社会生活的其他领域，“在一切社会形式中都有一种一定的生产决定其他一切生产的地位和影响，因而它的关系也决定其他一切关系的地位和影响。这是一种普照的光，它掩盖了一切其他色彩，改变着它们的特点。这是一种特殊的以太，它决定着它里面显露出来的一切存在的比重”②。资本的运行过程使得一切人和物都被卷入资本的生产体制之中，资本的逻辑就是无限制地增殖自己、膨胀自己。一句话，“资本是资产阶级社会支配一切的经济权力，它必须成为起点又成为终点”③，资本就是要“按照自己的面貌为自己创造出一个世界”④。

四、资本逻辑的扩展：全面渗透与控制

资本的内在本性决定了它要得以彻底贯彻和展开，就必须越过经济领域，冲破一切阻碍资本增殖的社会控制和社会障

① 《马克思恩格斯全集》第30卷，人民出版社1995年版，第390—391页。

② 《马克思恩格斯选集》第2卷，人民出版社1995年版，第24页。

③ 《马克思恩格斯全集》第30卷，人民出版社1995年版，第49页。

④ 《马克思恩格斯选集》第1卷，人民出版社1995年版，第276页。

碍，这便是资本的扩展。资本的扩展使得资本要实现对社会生活的全面控制，这表现在资本对政治、文化、社会领域的全面渗透与控制。资本的逻辑在政治领域表现为权力的逻辑，在文化领域表现为拜物教的逻辑，在社会领域表现为资本的空间扩张逻辑。

（一）政治领域：权力的逻辑

在资本主义社会，人的关系性存在是表现为以“物的依赖性”为主要特征的，这个“物”就是资本。马克思深刻地指出，资本是一种权力，而且不是一般权力，是权力之最高形式，它成为一种控制人的力量。资本权力借助于生产劳动而存在于人的关系之中，它导致了“每个人以物的形式占有社会权力”，“在这种形式下，才形成普遍的社会物质变换、全面的关系、多方面的需要以及全面的能力的体系”[①]。就是说，这是一种由异化劳动所导致的被资本权力总体控制的社会结构。

在具体生产过程中，资本家占有资本代表占有一种十分特殊的权力，即“对他人劳动产品的私有权”。“资本是对劳动及其产品的支配权力。资本家拥有这种权力并不是由于他的个人的或人的特性，而只是由于他是资本的所有者。他的权力就是他的资本的那种不可抗拒的购买的权力”[②]。资本的权力是资产阶级取得政

① 《马克思恩格斯全集》第30卷，人民出版社1995年版，第107页。

② 《马克思恩格斯全集》第3卷，人民出版社2002年版，第238—239页。

治地位后在经济领域里获得的最好回馈。资本的权力不仅包括对物的支配权，还包括对人的支配权，即合法地使用一切劳动力的自由。资本拥有着社会控制的权力系统，同时也就拥有着对权力合法性予以解释的意识形态的话语权。而现代文明和社会生产力的提高，使得资本支配劳动的权力更为明显："文明的一切进步，或者换句话说，社会生产力（也可以说劳动本身的生产力）的任何增长——例如科学、发明、劳动的分工和结合、交通工具的改善、世界市场的开辟、机器等等——都不会使工人致富，而只会使资本致富，也就是只会使支配劳动的权力更加增大，只会使资本的生产力增长。因为资本是工人的对立面，所以文明的进步只会增大支配劳动的客观权力。"①因而，从总体上看，现代社会就是"资本处于支配地位的社会形式"。在现代性条件下，资本是资产阶级社会支配一切的经济权力。无论是经济领域的商品生产、政治领域的权力生产、文化意识形态领域的精神生产还是日常生活领域的个人身体的生产，都服从于资本生产的逻辑，这就是资本的"普照的光"和"特殊的以太"②。

除了生产领域中资本对劳动的绝对支配权力之外，资本还会将这种权力的逻辑延伸到政治生活领域，实现与政治权力的共谋关系，从而导致资本权力化与权力资本化的后果。马克思指出，权力是"从社会中产生但又自居于社会之上并且日益同社会相脱

① 《马克思恩格斯全集》第30卷，人民出版社1995年版，第268页。
② 《马克思恩格斯全集》第30卷，人民出版社1995年版，第48—49页。

离的力量”[①]。

应该说，一方面，资本并非政治权力的天然兄弟，因为资本的运营和增殖导致对政治权力的排斥。另一方面，二者却有着隔离不断的联系。在资本发展的原始阶段，财产是权力的来源之一，而财产作为商品，便可以转化为资本。从这个意义上说，权力又可以转化为资本。资本的逐利本性决定了它为了自身的增殖可以冒一切风险，尤其在权力的支撑下更是如此。资本和政治权力的结合，从短期来看，的确对资本的增殖产生了正面效应，但从长远来看，这种结合会产生恶果。对资本来说，会导致资本无视公平正义、蔑视法律，引发工人和群众的不满，从而产生和激化社会矛盾；对政治权力来说，将严重削弱权力的权威，破坏权力的有效运转，最后形成权力低效运转、变质和崩溃。

权力资本化和资本权力化的结果便是权力资本的诞生。这种资本的新形态并非钱与权的简单相加，从根源上说，权力资本在本质上仍然是资本在逐利过程中，利用政治权力这一外在资源实现自身增殖的产物。

（二）文化领域：拜物教的逻辑

拜物教的实质在于人与人的社会关系表现为物与物之间的虚幻形式。

---

① 《马克思恩格斯选集》第4卷，人民出版社1995年版，第166页。

在资本逻辑中，拜物教首先以商品拜物教的形式出现。商品本身是人创造出来并为人所使用的东西，却成为人崇拜的东西，全面支配了商品生产和全部社会关系，这就是商品拜物教。马克思在《资本论》中指出，商品作为产品是一种很简单、很平凡的东西，但是产品作为商品却是非常复杂的东西，充满着“形而上学的微妙和神学的怪诞”[①]。那么，商品“微妙和神学的怪诞”从何而来？它“不是来源于商品的使用价值，也不是来源于价值规定的内容”，而是从“商品这种形式本身来的”[②]。马克思指出，一方面，私人劳动者只有通过交换彼此的劳动产品才能发生社会接触，私人劳动的社会性质只有通过交换才能表现出来；另一方面，只有在生产者的私人劳动同其他一切种类的私人劳动相交换或被看作与它们相等时，生产者的私人劳动才能还原为抽象劳动，进而满足生产者本人的多种需要，这种还原也只有通过交换才能完成。因此，商品能够通过交换这“惊险的一跳”，使蕴含其中的私人劳动得以实现的社会功能具有了非同寻常的意义。久而久之，人们就把劳动的社会性质看成了商品本身的物的性质，把生产者同总劳动的社会关系看成了存在于生产者之外的物与物之间的社会关系。由于劳动产品成了商品，进而成了可感觉而又超感觉的物，或者说成了有社会性的物，人与人之间的社会关系便采取了物与物的关系的虚幻形式。至此，马克思

① 《马克思恩格斯选集》第2卷，人民出版社1995年版，第137页。

② 《马克思恩格斯选集》第2卷，人民出版社1995年版，第138页。

揭示出了商品拜物教的本质：人与人的社会关系采取了物的虚幻形式。

货币拜物教是商品拜物教发展了的形式。在资本主义的文化意识形态中，商品只是第一步，货币具有更加迷人的性质。马克思指出，货币拜物教的谜就是商品拜物教的谜。生产商品的目的是交换，获得交换价值，而在交换过程中发展出来的一般等价物，就是货币。有了货币，商品交换就变成了商品与货币之间的交换。因此，在商品和货币的交换过程中，“商品是一些偶然的存在物。货币是‘万物的结晶’”。这样一来“货币从它表现单纯流通手段这样一种奴仆形象，一跃而成为商品世界中的统治者和上帝”[①]。最后，作为可以购买到一切东西的货币，“不仅是致富欲望的一个对象，而且是致富欲望的唯一对象。这种欲望本质上就是万恶的求金欲”[②]。于是，货币成为主宰一切的神秘力量，商品的神秘性转化为货币的神秘性，商品拜物教发展为货币拜物教。

资本拜物教是资本主义拜物教的最高形式。商品生产和发达的商品流通是资本产生的历史前提，货币是商品流通的最后产物，又是资本最初的表现形式。新资本最初以货币形式出现在市场上，经过一定的过程，这个货币就转化为资本。只有通过资本的不断运动，资本家才能不断获得剩余价值，实现财富的不断增

① 《马克思恩格斯全集》第30卷，人民出版社1995年版，第172—173页。

② 《马克思恩格斯全集》第30卷，人民出版社1995年版，第174页。

殖，由此，货币拜物教最终发展为资本拜物教。在《资本论》中，马克思从资本的生产过程、资本的流通过程以及资本主义生产的总过程三个方面，也就是从资本运动的整个过程中，剖析了资本主义追逐剩余价值的本性和实质。在资本运动的整个过程中，资本原本反映的是一种社会关系，但人们只关注资本所具有的实现价值增殖的功能，这就赋予了资本一种神秘力量，资本主义的全部特征也就体现在追求资本增殖的过程中。

至此，可以对资本拜物教作出这样的概括：人们抛弃了资本的社会关系和具体形式，只把它理解为脱离了现实性的物，把资本的增殖看作物本身具有的一种魔力。这样，透过资本主义的面纱，马克思勾勒出了资本主义文化意识形态从商品拜物教到货币拜物教再到资本拜物教发展的全过程。通过拜物教批判，马克思从资本主义的商品生产中，找到了资本主义颠倒的文化意识形态产生的物质性根源，并揭示了由于商品逻辑占据统治地位，使资本主义忘记了追求人类幸福的初衷，沉沦在金钱和物质的迷雾之中，最终导致社会以物为本、片面发展的过程。

（三）社会领域：资本的空间扩张逻辑

所谓资本的空间扩张逻辑，用马克思的话来说便是“资本一方面要力求摧毁交往即交换的一切地方限制，征服整个地球作为它的市场，另一方面，它又力求用时间去消灭空间，就是说，把商品从一个地方转移到另一个地方所花费的时间缩减到最低限度”[①]。资本的空间扩张逻辑是资本追求利润内在逻辑的外在反映。资本的空间扩张逻辑引发了国际资本的产生与资本的全球性流动，直接推动了世界交往的扩大和经济全球化的兴起。

马克思在分析资本的流通过程时指出：“资本就其本性来说，力求超越一切空间限制。”[②]资本疯狂扩张的本性，必将促使其不断地突破物质生产的自然空间，以维持和实现自身的无限增长。资本在拓展物质生产空间的同时，必然会通过生产关系的生产与再生产，开辟出比物质生产空间更为重要的社会空间。

首先，作为社会力量，资本从诞生那天起就有着全球范围内运动的冲动。为了不断增殖，资本力求摧毁交往即交换的一切地方限制，夺得整个地球作为它的市场；它突破民族国家的界限，到处落户，建立联系，把全世界变成了一座城[③]；它使得“每个文明国家以及这些国家中的每一个人的需要的满足都依赖于整个世界”[④]，一切国家的生产和消费都成为世界性的。

其次，资本在造就着世界市场、世界经济的同时，也造就着世界文化、世界精神。马克思指出：“过去那种地方的和民族的自给自足和闭关自守状态，被各民族的各方面的互相往来和各方面的互相依赖所代替了。物质的生产是如此，精神的生产也是如

① 《马克思恩格斯全集》第30卷，人民出版社1995年版，第538页。

② 《马克思恩格斯全集》第46卷（下），人民出版社1980年版，第16页。

③ 《马克思恩格斯全集》第46卷（下），人民出版社1980年版，第33页。

④ 《马克思恩格斯选集》第1卷，人民出版社1995年版，第114页。

此。”①资本用其生产和交换的铁律，抹平了一切地缘性与民族性、物理性与社会性的界限，成为人类历史的普遍形式。在马克思眼里，资本突破一切限制所开创出的新空间，决不是可见的物理空间，更重要的是在生产关系再生产领域中开创出来的社会空间，以及“由物质生活的生产方式制约着的整个社会生活、政治生活和精神生活”的总体性空间。

五、资本的矛盾与趋势

资本在创造文明与追求价值增殖的过程中，始终包含着深刻的矛盾：“在资本的简单概念中已经潜在地包含着以后才暴露出来的那些矛盾。”②

资本的发展动力来自资本的内在矛盾。在《资本论》及其手稿中，马克思反复强调“资本是一个活生生的矛盾”，“资本本身就是矛盾”③。可见，矛盾并不是强加于资本的外部属性，而是资本的内在属性，就是资本存在的本质。资本作为生产关系的现代形式，其本身就是一个自相矛盾的存在。

资本内在矛盾的实质就是资本主义生产方式的基本矛盾：生产的社会化与生产资料的资本主义私有制之间的矛盾。这里谈到

① 《马克思恩格斯选集》第1卷，人民出版社1995年版，第276页。

② 《马克思恩格斯全集》第30卷，人民出版社1995年版，第395页。

③ 《马克思恩格斯全集》第30卷，人民出版社1995年版，第405、542—543页。

的“资本主义私有制”并不是一般意义上的私有制，而是以社会上绝大多数人不占有财产为基础的现代的资产阶级所有制。私有制可以分为两种，一种是非资本主义私有制，即“靠自己劳动挣得的私有制，即以各个独立劳动者与其劳动条件相结合为基础的私有制”，一种是资本主义私有制，即“以剥削他人的但形式上是自由的劳动为基础的私有制”[①]。这种私有制是与社会化大生产联系在一起的，表现为一种资本主义生产方式。资本主义生产方式促进生产力的巨大发展，资本集中和垄断趋势不断加强，劳动协作的规模不断扩大，科学被广泛应用于生产技术，劳动资料日益转化为共同使用的资料，等等，这一切要素共同促进了现代生产的不断社会化。生产的社会化趋势内在地要求生产的社会统筹、合理计划，内在地要求生产资料的公共的、社会的使用，这就需要打破私有制基础上的资本垄断，从而，社会化的生产与资本主义私有制二者之间便构成了不可调和的矛盾。随着生产社会化的深入发展，资本主义私有制日益成为生产力发展的桎梏，并日益从其不适应性中暴露出其暂时性，并最终被更高级的所有制形式所代替。“生产资料的集中和劳动的社会化，达到了同它们的资本主义外壳不能相容的地步。这个外壳就要炸毁了。资本主义私有制的丧钟就要响了。剥夺者就要被剥夺了”[②]。

资本的内在矛盾始终如一地伴随着资本主义的经济活动的整

① 《马克思恩格斯全集》第44卷，人民出版社2001年版，第872—873页。

② 《马克思恩格斯全集》第44卷，人民出版社2001年版，第874页。

个过程。社会化的生产和资本主义占有之间的矛盾，“已经包含着现代的一切冲突的萌芽”[①]。这种基本矛盾通过一系列具体的要素、环节表现出来，直接影响着现代的经济系统以及整个日常生活的方方面面，导致了一系列无法根除的社会问题。

首先，资本的基本矛盾包含着劳动与资本之间的根本对立。资本的生产过程以劳动和资本之间的对立关系为基本前提。资本通过不断购买和消费活劳动来维持其自我生产、自我增殖的过程，从而在完全的意义上支配、占有和耗费着工人的生命生活，最终形成了日益严重的劳资对抗。劳资矛盾奠定了整个资本主义社会的阶级冲突的基础，并进一步形塑了整个社会的利益和观念冲突。

其次，资本的基本矛盾表现为生产与流通过程的结构性脱节，导致商品生产的供需失衡。生产的社会化趋势要求生产环节的社会性协作和整体性计划，而资本主义私有制决定了资本生产过程必然分割为彼此独立的直接生产和流通两个领域，这便构成了生产总过程内部脱节的基础。具体来看，这种内部脱节集中表现在生产与需求的不均衡发展和结构性冲突之上。由于资本主义生产的最高目的并不是社会和个人的实际需要，而是资本本身的自我增殖，所以生产规模便由于资本趋利动机而不断扩大，生产出来的商品数量和种类日益增多，也就迫切需要社会产生出更多

① 《马克思恩格斯选集》第3卷，人民出版社1995年版，第621页。

的“有效需求”。与此同时，劳动者个人及整个社会的“有效需求”却由于剥削率的提高、人民收入的相对下降而不断萎缩，由此，生产规模与有效需求之间的结构性差距的持续扩大便造成严重的供需失衡。①

最后，由资本基本矛盾引发的供需失衡又进一步导致了生产的无政府状态；达到一定临界点之后，资本的基本矛盾不可避免地以暴力形式爆发出来，产生周期性的经济危机。供需失衡和生产的无政府状态达到一定限度就会产生严重的生产过剩，从而导致“产品过剩—资本过剩—劳动力过剩”等一系列连锁反应，造成生产和流通领域的广泛受阻和停滞，从而形成周期性发作的日益严重的经济危机。“用暴力消灭资本……这是忠告资本退位并让位于更高级的社会生产状态的最令人信服的形式”②。经济危机是资本主义生产无法克服的痼疾，处于危机中的人们采取抛售股票、销毁商品、政府干预、转嫁他国等手段来解决矛盾，甚至威胁到资本本身的存在，从而构成了基本矛盾的最集中的表现形式。

因此，“资本主义生产的真正限制是资本本身，这就是说，资本及其自行增殖，表现为生产的起点与终点，表现为生产的动机与目的；生产只是为资本而生产，而不是相反：生产资料只是不断扩大生产者社会的生产过程的手段。以广大生产者群众的被

---

① 《马克思恩格斯全集》第34卷，人民出版社2008年版，第605页。

② 《马克思恩格斯全集》第31卷，人民出版社1998年版，第149页。

剥夺和贫困化为基础的资本价值的保存和增殖，只能在一定的限制以内运动，这些限制不断与资本为它本身的目的而必须使用的并旨在无限制地增加生产，为生产而生产无条件地发展社会生产力的生产方法相矛盾”[①]。

马克思指出：“资本的生产是在矛盾中运动的，这些矛盾不断地被克服，但又不断地产生出来。”[②]资本陷入这种恶性循环，其必然趋势便是扬弃资本自身。资本通过自我扬弃来克服自身内在的界限，然而，由此发展起来的社会生产力必然成为资本的终结者，资本的自我扬弃过程终究会走到扬弃资本形式本身的阶段。一旦由资本所推动的社会生产力普遍发展达到一定阶段，资本本身愈益成为社会生产力发展的最大桎梏，资本的命运便只能是自我毁灭。“资本不可遏止地追求的普遍性，在资本本身的性质上遇到了限制，这些限制在资本发展到一定阶段时，会使人们认识到资本本身就是这种趋势的最大限制，因而驱使人们利用资本本身来消灭资本”[③]。这种自我消灭的趋势通常以周期性的经济危机威胁资本本身的形式表现出来，而最终将以共产主义运动的形式来完成对资本的消灭。

① 马克思：《资本论》第3卷，人民出版社1975年版，第279页。

② 《马克思恩格斯全集》第30卷，人民出版社1995年版，第390页。

③ 《马克思恩格斯全集》第30卷，人民出版社1995年版，第390—391页。

第二章
中国共产党百年历程对资本的认识

正确认识资本并在实践中处理好与资本的关系，是百年来中国共产党领导中国人民奋斗进程中一直高度关注的重大理论与实践问题。党在不同历史时期，科学研判社会发展形势，紧扣社会主要矛盾，形成了一条对资本不断深化的认识路线。在新民主主义革命时期，党最初对资本彻底否定，后来在资本问题上不断认识、曲折探索；在社会主义革命和建设时期，党以“三大改造”形式实现对资本认识的突破；在改革开放和社会主义现代化建设时期，我们党通过解放思想实现对资本认识的新突破；新时代，党以“两个毫不动摇”的指导原则把握资本的发展关系。在不同历史时期，党对资本的不同认识体现了中国共产党在推进马克思主义中国化进程中所取得的原创性贡献。同时，这条对资本认识的“路线”及其实践经验，为中国共产党集中统一领导经济工作提供了重要的思想资源和实践指引。

一、新民主主义革命时期党对资本的认识

消除资本对雇佣劳动的剥削，实现人的自由而全面发展是马

克思一直追求的价值理念。中国共产党成立之初，就把马克思主义理论作为自己的思想武器。由此，马克思主义对资本的整体看法构成了中国共产党认识资本的理论前提。总而言之，中国共产党对资本的认识，特别是建党初期，基本沿袭了马克思对资本的整体看法，并把这些认识作为对待资本的价值指引。

大革命时期，中国共产党对资本的认识经历了从没收到正确区分资本类型的跃迁。党成立之始，就把《共产党宣言》作为自身的行动指南。因而，没收资本、推翻资本主义制度便成为中国共产党的奋斗目标。比如，党的一大通过的中国共产党的第一个纲领明确指出："消灭资本家私有制，没收机器、土地、厂房和半成品等生产资料，归社会公有。"[①]资本与社会主义是对立并相互排斥的。随着中国日益卷入世界资本主义体系，资本在政治经济领域表现为帝国主义对中国社会的压迫。《中国共产党第二次全国代表大会宣言》继承和发展了中国共产党对资本的认识。在宣言中，中国共产党把资本看作人格化的资本家，认为资本发展到一定阶段形成帝国主义，并导致对殖民地的侵略。"在中国自己领土之内，三分之一的铁路为外国资本家的所有物，其他的铁路也是直接或间接由外国债权主人管理……中国经济生命的神经系已落在帝国主义的巨掌之中了"[②]。因此，在党的三大的党纲草案中突出没收

① 沈云锁、潘强恩主编：《共产党通史》第3卷（上册），人民出版社2011年版，第43页。

② 《中共党史教学参考资料（一）》，人民出版社1957年版，第6页。

资本的重要性，认为资本的输入断绝了中国大工业发展的可能性，瓦解了宗法社会农业的经济基础，让中国国内国外的商业畸形发展，“手工业工人和农民等小生产者渐渐失掉了他们的生产资料，失业的手工业工人和失地的农民，他们人数之众多和失业失地之迅速”。所以，共产党对资本的态度和当前任务有三点：其一，取消一切不平等条约，实现保护税则，限制外国资本在中国设立教会、学校、工厂和银行等；其二，肃清军阀的同时，没收其财产以兴办公益性的生产事业；其三，收归铁路、银行、矿山及大生产事业归国有。然而在没收资本的同时，中国共产党对资本的认识也受到了周围环境和社会现实的影响。第一次国共合作时期，中国共产党对资本的态度有些模糊。一个显著事实是在《中国共产党第三次全国代表大会宣言》中没有关于如何处理与民族资本关系的相关论述，而党的三大党纲也只是具体说明党对待外国资本的态度。第一次国共合作失败后，中国共产党对资本的态度有了更多变化。资本被分成外国资本、官僚资本、民族资本等类型。随着革命与战争已成为时代主题，中国共产党对资本的认识更多体现在对帝国主义、封建官僚主义等斗争策略上。党的四大认为，资本的性质是“扩大再生产，为产品找销路”。就是说，资本在中国有两个目的：其一，把中国变为殖民地；其二，为中国工人生产出来的产品找销路，以便使那些资本家发财致富。因此，中国共产党采取没收外国资本的策略形式。党的五大开始认识到小资产阶级在反对外国资本中所起的作用。《中国共产党第五次全国代表大会宣言》认为，外国资本因为占据了中国的银行、重工业和铁路，所以它能操作中国经济生命。“无产阶级一定要求这些生产金融机关收归国有”[①]，而且要保障小资产阶级的利益，这样“小资产阶级赞助无产阶级反抗资本主义”[②]。总之，中国共产党在对待资本问题上，呈现出从没收资本到认识资本、区分资本的种类并采取了相应的措施对待资本等一系列变化。没收资本的认识或态度，体现了中国共产党的性质，但是，这一认识也必然导致在实现对外国资本、官僚资本打击的同时，也间接影响到民族资本、私人资本的发展。所以，中国共产党在大革命时期对这些资本种类进行了区分，并采取了不同策略，实现对资本认识的深化。

土地革命时期，随着对中国革命性质、任务、对象及其动力等的深入了解，中国共产党开始从阶层的角度认识资本，并且形成了不同的政策主张。其一，没收官僚资本。官僚资本往往依靠帝国主义、勾结封建势力，并通过国家的政权力量发展成为具有买办性质的封建国家垄断资本。官僚资本借助国家专卖制度大量控制着商品和物资从而牟取暴利，以超经济的特权垄断相关行业的经营权对私人资本进行压迫和兼并，因此没收官僚资本是中国共产党的革命任务之一。1928年，党的六大制定的中国革命现阶段十大政纲中明确指出，“没收外国资本的企业和银行”[③]，“没

① 《中共党史教学参考资料（一）》，人民出版社1957年版，第80页。

② 《中共党史教学参考资料（一）》，人民出版社1957年版，第80页。

③ 中共中央党校党史教研室：《中国共产党史稿》第3分册，人民出版社1983年版，第44页。

收一切地主阶级的土地，耕地归农民”[①]，通过没收资本遏制外国资本和官僚资本的发展。其二，民族资本具有双重性。它既有同帝国主义、封建主义和带买办性质的资本主义相联系，剥削压迫工人阶级的一面，又有受到帝国主义、封建主义和带买办性质的资本主义的压迫，而同情或参加中国革命的一面，因而是可以争取的力量。其三，私人资本可以实现同盟。私人资本主要包括广大的知识分子、小商人、手工业者和自由职业者，同样受帝国主义、封建主义和官僚资本主义的压迫。因此，私人资本同样可以成为中国革命的动力。正因为细分了对资本的认识，使党对资本的认识不再“一刀切”，而是对官僚资本进行否定，对民族资本和私人资本持辩证否定的态度，从而使共产党对资本的认识得到深化，并在没收资本的基础上，开始思考利用资本的问题，也就是利用作为生产方式的资本以发展新民主主义经济。如1932年，中华苏维埃共和国临时中央政府曾经颁布了一项《关于工商业投资暂行条例》，规定在遵守苏区法律并按苏区税则纳税的私人资本可以在中央苏区境内自由投资经营工商业。总之，在有限制条件下，允许私人资本经营工商业，是中国共产党从没收资本到利用资本认识的一个发展变化。

抗日战争时期，中华民族与日本帝国主义的矛盾上升为中国社会的主要矛盾。帝国主义扶持官僚资本在中国社会形成新的买

① 中共中央党校党史教研室：《中国共产党史稿》第3分册，人民出版社1983年版，第44页。

办资本。因此，中国革命的对象依然是帝国主义和封建主义，而不是民族资本和私人资本等。所以，中国共产党在认识资本上，主张“团结一切可以团结的力量”①，从阶级和阶层的角度正确认识小资产阶级、民族资产阶级和一部分积极抗日的大资产阶级，组成抗日民族统一战线，正确认识和处理与资本的关系。

解放战争时期，中国共产党主要通过鼓励和限制等手段处理与资本的关系。为了没收官僚资本，解放区各级人民政府按照中共中央财经工作方针，把经济体制转到了战时经济体制，依靠自力更生，有计划地发展生产，以便能应对与国民党之间的内战。1948年，张闻天起草了《关于东北经济构成及经济建设基本方针的提纲》。在提纲中，张闻天建议中国共产党对私人资本采取鼓励和限制手段。这个提纲受到毛泽东的重视，如他在给刘少奇的信中曾明确指出，就整个经济发展政策来说，是要限制私人资本的发展。但是对于那些“有益于国民生计”②的私人资本，则不在限制之内。也就是说，解放战争时期，我们对私人资本是有条件的限制。

总之，新民主主义革命时期，中国共产党对资本的认识最初是完全按照马克思主义一般原理规定对待私人资本。随着新民主主义革命的发展，中国共产党认识到私人资本积极的一面，通

① 《中共中央文件选集（1949年10月—1966年5月）》第3册，人民出版社2013年版，第252页。

② 《毛泽东选集》第3卷，人民出版社1991年版，第1058页。

过保护民族工商业和手工业者的利益等形式，在对待资本的问题上，实现了从没收到利用资本的态度转变。

二、社会主义革命和建设时期党对资本的认识

社会主义革命和建设时期，中国共产党一方面利用资本恢复和发展国民经济，继续完成民主革命遗留的任务；另一方面又通过“改造”形式没收官僚资本，保护民族工商业，引导资本助力我国工业化建设。尽管“文化大革命”时期，党对资本的认识发生曲折，但总体看来，中国共产党在认识资本的问题上是“在曲折中前进”的，深化了相关认识，主要表现为从利用资本到运用资本的转变。

从新中国成立到社会主义改造完成，是我国从新民主主义到社会主义的过渡时期。毛泽东于1950年6月在党的七届三中全会上作了《为争取国家财政经济状况的基本好转而斗争》的报告，强调要用统筹兼顾的方针发展社会主义经济，逐步消灭经济发展出现的盲目性和无政府状态，通过调整工商业的发展，“切实而妥善地改善公私关系和劳资关系”[①]，最终使得各种社会经济成分在国营经济领导下，有序分工，促进整个社会经济恢复与发展。这一时期，中国共产党提出通过走工业化道路恢复和发展国民经

① 《中共中央文件选集（1949年10月—1966年5月）》第3册，人民出版社2013年版，第143页。

济。当时，我国经济的主要成分为三种，即社会主义经济、资本主义经济和个体经济。为此，要发展壮大国营经济，使社会主义经济成为我国经济的基础，就必须逐步地、有计划地将资本主义经济和个体经济改造成具有社会主义经济性质的成分，如此便要求中国共产党进一步认识资本。从社会经济成分而言，官僚资本已经被没收为国家所有，外国资本被赶跑，此时资本主义经济和个体经济并不会影响社会主义经济的主导地位，并且这两种经济形式都可以引导发展成社会主义性质的经济。资本主义经济既有剥削的一面，又有被改造的一面；个体经济既可以自发地走向资本主义经济，又可以被引导走向社会主义经济。因此，党在认识资本的过程中，既要看到私人资本消极的一面，又要认识到资本的文明作用；既要通过引导资本主义经济走向社会主义经济，限制资本的剥削，又要利用资本主义经济，助推我国实现工业化。

过渡时期，中国共产党采取社会主义改造的办法处理与资本的关系。具体而言，通过和平赎买的形式改造了资本工商业，采用国家所得税、企业公积金、工人福利费、资方红利“四马分肥”的办法，实现对资本主义工商业的社会主义改造。宏观经济方面，采取从低级到高级的国家资本主义形式改造资本主义经济；对个体经济而言，资本工商业者被改造成为自食其力的社会主义劳动者。

社会主义的基本制度建立后，中国共产党带领中国人民开启了社会主义工业化道路的探索。在发展工业化的道路中，党围绕是否需要利用资本为工业化建设服务，是否需要向资本学习等相关问题，展开对资本的认识。在利用资本发展工业化方面，毛泽东、刘少奇、周恩来提出了把资本主义经济作为社会主义经济的补充的思想；陈云提出“三个主体，三个补充”[①]思想；在学习资本生产和管理问题上，毛泽东在1957年《关于正确处理人民内部矛盾的问题》中指出，“一切国家的好经验我们都要学，不管是社会主义国家的，还是资本主义国家的，这一点是肯定的”[②]；同时，又指出向资本主义国家学习，必须摒弃教条主义的态度，坚持实事求是的态度，“学那些和我国情况相适合的东西，即吸取对我们有益的经验”[③]。

“文化大革命”时期，党对资本的认识发生了曲折。一方面，由于对社会主义社会阶级斗争理论和实践错误认识的影响，党对资本的认识也走向“左”的错误方向，并在实践中实施了错误的政策。“四人帮”甚至提出“宁要社会主义的草，不要资本主义的苗”如此荒唐的错误主张。另一方面，由于对国际形势的基本正确判断和新的认识，在国际上特别是同美国等西方资本主义发达国家交往上，初步打开了新局面，这为我们不戴“有色眼镜”正确认识资本提供了积极因素。

社会主义革命和建设时期，中国共产党以“改造”的形式调

① 《陈云文选》第3卷，人民出版社1995年版，第13页。

② 《毛泽东文集》第7卷，人民出版社1999年版，第242页。

③ 《毛泽东文集》第7卷，人民出版社1999年版，第242页。

整与资本的关系，把利用资本发展新民主主义经济转变为运用作为生产方式的资本建设社会主义，使资本的发展朝着有利于社会主义工业化建设的方向前进。虽然后期党对资本的认识发生了偏差，但是总的看来，在社会主义革命和建设时期，中国共产党对资本的认识是逐渐加深的、发展的。

三、改革开放和社会主义现代化建设时期党对资本的认识

改革开放和社会主义现代化建设时期，中国共产党对资本的认识逐渐深化，并实现了创新发展。这一时期，中国共产党解放思想，在改造、调整与资本关系的基础上，形成了一些新认识。一是从生产力的角度，把资本当作生产要素，引导资本释放更多积极作用，使资本朝着有利于社会主义经济建设方向发展。二是在处理与资本关系上，准确把握公有制经济与非公有制经济、国营经济与私营经济等关系。在坚持公有制经济为主体的前提下，实现“私营经济等非公有制经济是社会主义经济的有益补充”到“非公有制经济是我国社会主义市场经济的重要组成部分”的认识升华，体现了中国共产党在认识资本、处理与资本关系中，实事求是、与时俱进的品质。

党的十一届三中全会后，党领导中国人民解放思想，将工作重心转移到经济建设上来。因而，在发展社会主义经济和认识资

本关系等方面取得一系列成果。其一，在处理资本的关系上，认为私营经济是公有制经济必要的和有益的补充。党的十三大明确指出，“私营经济……是公有制经济必要的和有益的补充”[①]。其二，要充分利用外资发展社会主义经济。邓小平在论述利用外资作用时指出，大量利用外国资金来发展我国的经济，这不仅可以解决我们建设资金不足的问题，而且会对我们的经济建设带来多方面的积极影响，“吸引外资尽管对方得了利，最后必然还是我们自己得益”[②]。因为外资能让我们学到一些先进的管理经验和技术，用于发展社会主义经济。随着改革开放的持续推进，我国逐步形成了从沿海经济特区到沿海开放城市再到沿海开放区的多层次、有重点、点面结合的对外开放格局。其三，反对资产阶级自由化。尽管资本能带来文明性的一面，但是资本腐朽本质没有改变。“资本主义无论如何不能摆脱百万富翁的超级利润，不能摆脱剥削和掠夺，不能摆脱经济危机，不能形成共同的理想和道德，不能避免各种极端严重的犯罪、堕落、绝望”[③]。这表明党清醒地认识到资本主义的腐朽本质并未改变。所以，资产阶级自由化的本质是走资本主义道路。其四，社会主义市场经济理论的完善是对资本认识的升华。邓小平在南方谈话中明确指出：“计划多一点还是市场多一点，不是社会主义与资本主义的本质区别。计划

① 《改革开放三十年重要文献选编》(上)，中央文献出版社2008年版，第487页。

② 《邓小平文选》第3卷，人民出版社1993年版，第313页。

③ 《邓小平文选》第2卷，人民出版社1994年版，第166—167页。

经济不等于社会主义，资本主义也有计划；市场经济不等于资本主义，社会主义也有市场。计划和市场都是经济手段。”[①]这一重要论断，不仅破解了计划和市场姓“资”姓“社”的难题，也为党的十四大提出“建立社会主义市场经济体制”[②]提供了思想基础。党的十五大提出，包含私营经济的“非公有制经济是我国社会主义市场经济的重要组成部分”[③]，实现了党对社会主义市场经济认识的质的飞跃。其五，党将处理社会主义与资本主义的关系创造性地运用到解决台湾、香港和澳门和平统一的实践中。20世纪80年代末，党创造性地提供了“一国两制”的构想，即在国家主体部分实行社会主义制度，同时在台湾、香港、澳门保持原有的社会制度和生活方式长期不变。随着两岸关系不断发展与合作，党提出推动祖国和平统一的“八项主张”，深化发展了“一国两制”构想。1997年、1999年香港和澳门回归后，两地经济保持长期繁荣发展证明了“一国两制”的科学性。

党的十三届四中全会后，面对世界经济和科技前所未有的大发展和国际资本的激烈竞争，以江泽民同志为主要代表的中国共产党人提出“三个代表”重要思想。发展是党执政兴国的第一要务。党要体现先进性，社会主义制度要体现优越性就得实现发展。通过发展，增强经济实力，提升综合国力，才能在风云变幻

---

① 《邓小平文选》第3卷，人民出版社1993年版，第373页。

② 《江泽民文选》第1卷，人民出版社2006年版，第228页。

③ 《江泽民文选》第2卷，人民出版社2006年版，第20页。

的国际形势中处于主动地位，才能在与资本竞争中取得主动。具体而言，实现发展就要建立社会主义市场经济体制，党的十四大明确了我国社会主义市场经济体制的改革目标。此外，江泽民提出，个体、私营等各种形式的非公有制经济是社会主义市场经济的重要组成部分，确立了社会主义初级阶段公有制为主体、多种所有制经济共同发展的基本经济制度和按劳分配为主体、多种分配方式并存的分配制度，开创了全面改革开放新局面，对正确处理与资本的关系提供了经验借鉴。

党的十六大后，随着世界多极化、经济全球化，科技革命加速推进，中国与世界各国相互依存加深。中国与国际资本的关系已经发生了历史性变化。中国的发展对世界经济发展产生了巨大影响，同时世界的发展也深刻影响着中国。2008年金融危机爆发后，资本主义世界出现了经济结构失衡、社会发展滞后、能源资源紧张、生态环境恶化、贫富分化等问题。为此，以胡锦涛同志为主要代表的中国共产党人提出科学发展观重要思想，将中国的发展放置于国际资本竞争与合作中思考，坚持发展是第一要义，坚持以人为本的核心立场，按照全面协调可持续的要求，统筹兼顾经济社会发展中的重大关系，实现科学发展，在与资本主义国家竞争中体现了社会主义的优越性。

这一阶段，党在国际国内形势复杂多变、世界社会主义遭遇挫折的严峻考验面前，依据中国特色社会主义的具体实践和对资本、资本主义认识的基本经验，不但成功破解了社会主义市场经济姓“资”姓“社”的难题，而且实现了“一国两制”，使社会主义建设步入发展的快车道，助推中国特色社会主义行稳致远。

四、中国特色社会主义新时代党对资本的认识

党的十八大以来，中国特色社会主义进入新时代。习近平总书记多次强调要“加强对当代资本主义的研究，分析把握其出现的各种变化及其本质，深化对资本主义和国际政治经济关系深刻复杂变化的规律性认识”[①]，并就如何在新时代社会主义市场经济背景下妥善处理与资本关系的问题上，提出了一系列重大理论观点，推出了一系列重大实践举措，进一步深化了中国共产党对资本的认识。比如，习近平总书记在2021年中央经济工作会议上指出“要正确认识和把握资本的特性和行为规律”[②]，这成为中国共产党在新时代处理与资本关系的主要思路和指导原则，创新了中国共产党对资本的认识、革新了科学运用资本发展中国特色社会主义市场经济的办法。

新时代，中国共产党在我国基本经济制度下实现了对资本的认识。按照党的十九届四中全会对我国基本经济制度的概括，即“公有制为主体、多种所有制经济共同发展，按劳分配为主体、多种分配方式并存，社会主义市场经济体制”等相关定义，可以

① 《习近平谈治国理政》第2卷，外文出版社2017年版，第66—67页。

② 《中央经济工作会议在北京举行》，《人民日报》2021年12月11日。

从社会主义经济的所有制形式、分配方式以及市场经济体制三个方面把握中国共产党对资本的相关认识，并把握我们党在利用作为生产方式的资本发展社会主义市场经济方面的新理念新思想新战略。

第一，从生产资料所有制形式认识资本。我国基本经济制度在所有制结构上表现为坚持公有制主体地位和国有经济主导地位，同时大力调整所有制结构，支持个体经济、私营经济、外资经济等健康发展，有效激发各类市场主体活力和创造力。因此，从资本的角度看，国有资本是社会主义市场经济条件下的主体，在关系国民生计、决定国民经济命脉的重点领域占据绝对优势，对国民经济的发展起着主导作用。集体资本包括城镇集体所有制经济和农村集体所有制经济中的资本，作为局部的、地区性的公有资本也是社会主义公有制经济背景下的主体，而民营资本、外国资本和混合资本作为建设社会主义市场经济的重要组成部分，也发挥着重要作用。（私人）资本与公有制经济的关系实际上是一种竞争与合作的关系。因此，在公有制经济背景下，处理好资本，特别是民营资本、外国资本、混合资本的关系应坚持“两个毫不动摇”基本原则。

其一，毫不动摇巩固和发展公有制经济。生产资料公有制是实现社会主义市场经济发展的目标和基础。巩固和发展公有制经济，要坚持国有经济的主导地位毫不动摇，充分发挥公有制资本、国有资本在社会主义市场经济中的引领和调控作用。经过多年的改革，我国公有制总体上已经同市场经济相融合，同时，还需要在一些重要领域继续深化改革。一是探索公有制多种实现形式，鼓励发展国有资本、集体资本、非公有资本等交叉持股、相互融合的混合所有制经济，实现各种所有制资本取长补短、相互促进、共同发展，使我国基本经济制度发挥出更大优越性。二是推进国有经济布局优化和结构调整，更多投向关系国家安全、国民经济命脉的重要行业和关键领域，服务国家战略目标，增强国有经济竞争力、创新力、控制力、影响力、抗风险能力，做强做优做大国有资本。三是深化国有企业改革，加快完善国有企业法人治理结构和市场化经营机制，健全完善经理层任期制和契约化管理，改革国有企业工资决定机制，推进骨干员工持股制度，充分调动干部职工积极性，完善中国特色现代企业制度，激发国有企业发展活力和内生动力。四是形成以管资本为主的国有资产监管体制，有效发挥国内资本投资、运营公司的功能和作用，加大对企业授权放权力度，赋予企业更多自主权，进一步强化国有企业市场主体地位。

其二，毫不动摇鼓励、支持、引导非公有制经济发展。党的十八大以来，随着全面深化改革不断推进，非公有制经济已成为发展社会主义市场经济的重要组成部分和力量。为了鼓励、支持、引导非公有制经济发展，要坚持为非公有制经济特别是民营经济发展营造更好环境，推动其走向更加广阔的舞台。一是健全支持民营经济、外商投资企业发展的法治环境，坚持科学立法、严格执法、公正司法，实现各种所有制经济权利平等、机会平等、规则平等。二是完善构建亲清政商关系的政策体系，把构建亲清政商关系落到实处，推动领导干部同民营企业家交往既坦荡真诚、真心实意靠前服务，又清白纯洁、守住底线、把握分寸，促进非公有制经济健康发展和非公有制经济人士健康成长。三是营造各种所有制主体依法平等使用资源要素、公开公平公正参与竞争、同等受到法律保护的市场环境，健全支持中小企业发展制度，对国有和民营经济一视同仁，对大中小企业平等对待，在加强产权和知识产权保护、健全完善金融体系、平等放开市场准入等方面深化改革，推动政策落准、落细、落实，采取各种办法引导非公有制经济健康发展。

第二，从我国分配制度认识资本。我国的收入分配制度是按劳分配为主体、多种分配方式并存。它既坚持了社会主义的本质，又适应了市场经济发展的要求，激发了人民群众创造财富的热情。从分配制度上认识资本实质就是要理解社会主义市场经济条件下劳动与资本的关系。以按劳分配为主体保证了公有制经济的主导地位，按生产要素分配保障了资本、土地、知识、技术、管理、数据等生产要素在创造财富中发挥重要作用，肯定了公有制经济的主导地位，也强调了非公有资本如民营资本、外国资本、混合资本对发展社会主义市场经济的作用。因此，处理非公有资本的关系，就是要有针对性地完善相关制度和政策，坚持和完善社会主义分配制度。

其一，完善初次分配制度。初次分配制度是按照各生产要素对国民收入贡献的大小进行的分配，主要由市场机制决定。要坚持多劳多得，着重保护劳动所得。要健全工资决定和正常增长机制，完善企业工资集体协商制度，强化工资收入支付保障制度，增加劳动者特别是一线劳动者报酬，提高劳动报酬在初次分配中的比重。要健全劳动、资本、土地、知识、技术、管理、数据等生产要素由市场评价贡献、按贡献决定报酬的机制。要强化以增加知识价值为导向的收入分配政策，充分尊重科研、技术、管理人才，建立健全数据权属、公开、共享、交易规则，更好地实现知识、技术、管理、数据等要素的价值。

其二，健全再分配调节机制。再分配是在初次分配基础上，对部分国民收入进行的重新分配，主要由政府调节机制起作用。要健全以税收、社会保障、转移支付等为主要手段的再分配调节机制，合理调节城乡、区域、不同群体间的分配关系。其中，强化税收，特别是要完善直接税制度并逐步提高其比重，更好发挥税收对收入分配的调节作用。第三次分配是在道德、文化、习惯等影响下，社会力量自愿通过民间捐赠、慈善事业、志愿行动等方式济困扶弱，是对再分配的有益补充。随着我国经济发展和社会文明程度的提高，全社会公益慈善意识增强，要重视发挥第三次分配作用，发展慈善等社会公益事业。

其三，规范收入分配秩序。构建良好的分配秩序，形成正确的激励导向，有助于全社会弘扬勤劳致富、艰苦奋斗精神，主动通过自身劳动和努力去创造美好生活。为此，必须鼓励勤劳致富，保护合法收入，清理规范隐性收入，取缔非法收入，将分配制度建立在法治基础之上。要遏制以权力、垄断和不正当竞争行为获取收入，将收入获取建立在公平竞争和要素贡献基础之上。

其四，扩大中等收入群体。中等收入群体持续扩大对形成强大国内市场、推动经济高质量发展、维护社会和谐稳定十分重要。扩大中等收入群体是一项长期任务，需要坚持以经济建设为中心，解决好发展质量效益、扩大人力资本、发挥企业家作用、支持中小微企业发展、建设技能型劳动者队伍等重大问题。要增加低收入者收入，扩大中等收入群体，调节过高收入，逐步形成橄榄型收入分配格局。

第三，从社会主义市场经济体制中认识资本。改革开放以来，我国实现了从计划经济体制向社会主义市场经济体制的转变。在社会主义市场经济体制中认识资本，就是要在继续推进社会主义制度与市场经济有机结合，发挥有效市场和有为政府的作用下，正确认识资本的特性，规范和引导资本的发展，提高驾驭资本的能力。资本具有双重性。资本对社会生产力的推动是有条件的，不是绝对的、唯一的、永恒的。新时代发展中国特色社会主义市场经济，需要利用资本加强社会主义建设，同时也要引导资本有序发展，避免无序竞争、野蛮生长。习近平总书记在2021年中央经济工作会议上指出："社会主义市场经济是一个伟大创造，社会主义市场经济中必然会有各种形态的资本，要发挥资本作为生产要素的积极作用，同时有效控制其消极作用。”[①]为此，要充分发挥有为政府和有效市场的作用。在坚持中国特色社会主义制度优越性的基础上，有效防范市场经济的弊端，为资本设置“红绿灯”。具体而言，就是在社会主义市场经济制度的框架范围内，引导资本良性发展，使之成为社会主义市场经济的“有益补充”。鼓励那些致力于投资实体经济、创新科技，或者符合国家长远发展方向的基础性、战略性领域的资本，合规经营，并为其开放“绿灯”；对那些通过垄断地位凌驾于市场之上，破坏市场规则和公平竞争，违法违规攫取经济利益，损害国计民生，冲击国家发展战略、发展理念、社会主义核心价值观的投机资本、虚拟资本，要设置“红灯”，依法监管。通过法律法规和制度的顶层设计，如健全市场准入制度、公平竞争审查机制、数字经济公平竞争监管制度等，防止资本野蛮生长。

新时代，中国共产党对资本的认识更加深刻，在处理与资本的关系中更加灵活。在发展社会主义制度和市场经济的过程中，中国共产党以实事求是的态度，充分发挥有效市场和有为政府的作用，把认识资本的特性作为提升驾驭资本能力的前提，把“两个毫不动摇”作为利用资本发展社会主义市场经济的准则，并创新“红绿灯”制度规范资本的无序竞争和野蛮生长，使得我们在对待资本的问题上实现了新的理论创新。

---

① 《中央经济工作会议在北京举行》，《人民日报》2021年12月11日。

第三章
当代国外马克思主义对资本的认识

一、当代西方马克思主义对资本的认识

自20世纪60年代以来，随着新一轮科技革命的到来，战后资本主义世界呈现出一系列新发展、新变化。当代西方马克思主义针对新的资本现象与资本活动，创造出“消费社会”“晚期资本主义”“后工业社会”“信息社会”等诸多术语，以不同视角剖析当代资本主义社会的新问题与新特征，形成了后现代马克思主义、生态学马克思主义、马克思主义空间学派等各色思想流派。这些新流派在坚持马克思主义对于资本逻辑批判的同时，也从不同的角度推动了马克思主义的理论创新。

（一）“符号消费”视角下的资本批判

后现代马克思主义代表人物鲍德里亚以“消费社会”为核心展开了对当代资本主义社会的批判，实现了对资本认识的符号转向。鲍德里亚认为，随着物质丰盛与消费时代的到来，消费成为资本主义社会的主导逻辑。消费品彰显着消费者的社会地位和经

济水平，成为具有某种社会区别意指的符号，从而操控了资本主义再生产的根本机制和消费心理的基本倾向，因此“消费，它的有意义的用法是指一种符号操控的系统行为”①。消费符号成为资本主义统治社会的新型手段，左右着人们的思维方式和社会的运行态势，致使消费决定生产，消费符号的结构规律和不确定性凌驾于社会生产之上。这一变化意味着生产的终结，即传统政治经济学的消逝。

在鲍德里亚看来，现代社会的典型特征是消费符号化。消费已扭转为面向符号价值的消费，消费符号成为资本主义社会统治的新型力量，“要成为消费的对象，物品必须成为符号”②。在经典马克思主义的理论视域中，消费是对具体实物的消费。但在当代社会中消费就失去了其原有的功能性意义，成为一种高度表象化与象征性的主体活动。商品不再以自身的效用来满足人的基本生存需要，而变成了以社会强加的意义为根本指向，用于满足主体对于社会肯定的欲望膨胀，成为一种权力的象征和身份的证明。人们交换、消费的不再是商品，而是附加于商品实体之上的等级秩序。“就好像需要、感情、文化、知识、人自身所有的力量都在生产体制中被整合为商品，物化为生产力，以便被出售，同样，今天所有的欲望、计划、要求，所有的激情和所有的关系都抽象

① Mark Poster. Jean Baudrillard: *Selected Writings. Mark Postered*, California: Stanford University Press, 2001. 25.

② 〔法〕让·鲍德里亚著，林志明译：《物体系》，上海人民出版社2001年版，第182页。

化或物化为符号和物品，以便被购买和消费”[①]。

据此，鲍德里亚认为当代资本主义社会已成为一个高度系统化和表象化的“符号社会”和“消费社会”。符号以自身的强性阐释力成为统治人的新工具，资产阶级将符合自身利益的行为规范通过符号逻辑强加给消费者，规定并制约着人们的日常生活和思维方式，成为资本主义更全面、更隐蔽地操控整个社会的意识形态，塑造了社会的文化等级秩序。可以说，鲍德里亚敏锐地捕捉到了当代资本主义生产与消费过程中的新症候，以消费符号批判揭示了资本对于人的新型统治，批判了消费符号将主体深度“物化”的现实。但是，鲍德里亚的理论仍具有难以克服的局限性，最关键的一点就在于他只分析了符号逻辑统治的表象，忽略了资本逻辑统治的实质，从而无视消费符号背后的资本运行力量。这在一定程度上弱化了对资本逻辑的揭露与批判，使其理论难以触碰到资本主义的根本弊病，也就缺乏真正超越现实的可行性方案。

（二）“生态”视角下的资本批判

生态学马克思主义以生态问题为核心论题，将资本主义生产方式与日益严峻的生态危机联系起来，揭示了当代资本主义生产对于全球环境的危害性。具体来说，生态学马克思主义的资本批

① 罗钢、王中忱编：《文化读本》，中国社会科学出版社2003年版，第26页。

判理论可简单概括为三个维度。

首先，生态学马克思主义学者认为当今资本主义的总矛盾是资本的无限扩张和自然生态环境的有限性间的矛盾。资本的逐利本性决定了资本主义必然无视自然环境的保护，并将自然环境作为工具大加利用，从而形成巨大的生态危机。一方面，西方资本主义国家无度掠夺自然资源，并将环境问题转嫁给发展中国家，从而危及全人类的生存环境。另一方面，西方资本主义国家在生态环境方面所取得的成就是建立在调整结构、改进技术基础之上的，其目标导向依旧是维持资本主义本身的运行，更好地进行社会再生产，从而获取更多的利润，而不是“建构一个完全不同的政治经济体制”[①]。因而，环境退化不是急需解决的问题，而是经济发展过程中出现的一个结构性难题。资本发展和生态环境之间的冲突必将愈加尖锐化，这是资本主义制度本身所不可避免的。

其次，生态学马克思主义学者认为促使生态危机发生的根源在于资本逻辑。可以说，资本逻辑具有一个内在的演进过程，不同阶段呈现出不同的发展特征。在前资本主义社会，社会生产规模较小，主要是为了满足自身基本的生活需要，因此环境问题和人类生产之间不存在截然对立的矛盾。但在资本主义生产方式确立之后，追求资本无限增殖成为资本家内心所坚守的信条。在资本逻辑的主导下，资本家必然将自然环境视为资本增殖的重要手

① Maarten A. Hajer, *The Politics of Environmental Discourse: Ecological Modernization and the Policy Process*, Oxford University Press, 2005.25.

段，自然环境成为资本疯狂掠夺的对象，从而致使全球生态退化、环境污染等问题日益严重。

最后，生态学马克思主义学者认为转向生态社会主义是摆脱资本逻辑内在束缚的唯一抉择。生态社会主义不是以改良或改革的方式，对资本主义制度进行小修小补，也不是主张“生态”，而是选择走生态社会主义道路来彻底否定资本逻辑，对资本主义制度进行革命性变革，从而获得生态危机问题的根本解决。社会主义既包括生态文明所呈现的全景式社会生活样态，又是生态文明所必需的实现道路。在人与自然关系上，生态文明所提倡的人与自然和谐共生关系是社会主义的题中应有之义；在经济层面上，生态文明所追求的可持续发展、绿色发展是社会主义经济的发展方向；在政治层面上，生态文明所设想的共荣共生、平等包容是社会主义政治的鲜明特点；在价值观上，生态文明所重视的使用价值置于交换价值之上是社会主义自由全面发展的必然选择；在思维方式上，生态文明所坚持的普遍联系、有机整体是社会主义的指导思想。只有建立生态社会主义才能真正在政治决策与经济生产过程中将生态环境考虑在内，推动人与自然关系的和谐发展，保护人类共同的美好家园。

总之，生态学马克思主义的资本批判理论以马克思资本批判理论为基础，对资本主义社会生态危机产生的根源进行深刻剖析，并努力探寻解决生态危机的现实路径，具有一定的革命性、进步性与创新性。但该理论也存在着一定的局限性，主要是其给出的解决生态危机的方案并没有触及资本主义私有制这一根源，在实践路径上也就充分暴露了其空想本质。

（三）“空间”视角下的资本批判

随着资本统治的全球化展开以及资本活动对人们生活空间的全面侵入与改造，以亨利·列斐伏尔、曼纽尔·卡斯特尔、大卫·哈维、爱德华·W.苏贾等人为代表的马克思主义空间学派，开始从共时性的空间维度来分析当代资本主义社会的各种矛盾。这一学派注重“都市”“空间组织与再生产”“空间政治霸权”等相关联问题，多借助马克思的政治经济学来构筑其空间的政治经济学，其理论总问题仍可归属于马克思的社会再生产理论。

空间视角的转换，使传统在历史与时间性维度下被遮蔽的空间现代性问题集中呈现出来。列斐伏尔认为，在当代资本主义运行的自身呈现中，城市是社会矛盾在空间层面最为集中的呈现地，资本主义的统治具有极强的空间政治性。例如，城市规划就成为“一种面具与工具，是一种国家与政治行动的面具，一种利益的工具，它所创造的空间是政治性的”①。因此，当代资本主义条件下的城市空间实质上已成为一种资产阶级的意识形态，空间的工具性凸显的是资本对现代人的全方位规训与异化，尤其是对微观日常生活领域的全面渗透与控制。同样，对于资本的分析与

① 〔法〕亨利·列斐伏尔著，刘怀玉译：《都市革命》，首都师范大学出版社2018年版，第206页。

认识也从古典资本主义的“在空间中物的生产”或“空间中的生产”转换为了“空间的生产”。空间成为生产要素的一部分，并内化于资本的活动与增殖之中，资本的再生产也就成为空间的再生产。

马克思主义空间学派认为“空间的生产”具有以下特点：（1）空间的工具化与抽象化。空间不再是物体存放的“容器”与发生事件的“纯粹场所”，而是成了资本增殖的生产资料。进一步说，在当代资本主义空间生产的普遍性逻辑统治下，社会空间中的丰富性与差异性因素被尽数排除，社会空间进一步抽象化与均质化，也就是马克思曾指出的：“资本越发展……资本同时也就越是力求在空间上更加扩大市场，力求用时间更多的去消灭空间。”[①]（2）空间成为消费对象。空间的创造与空间的消费是同时进行的，人们享受空间同样也在消费空间，小到咖啡厅酒吧、社区花园，大到被整片规划的景区或城市，空间成为消费对象。（3）空间成为资本统治人的手段。资本主义国家将空间打造成为一种“全景敞开式监狱”，每个空间都有严格的等级限制并与社会总体保持高度的一致性，空间成为行政体制控制下的“警察管制”空间。中立性假象之下的空间成为现代人被资本深度异化和控制的场所。（4）空间成为阶级斗争的场所。在空间层面的政治斗争始终具有阶级属性，“东”与“西”不单单具有地理意义，

① 《马克思恩格斯全集》第46卷（下），人民出版社1980年版，第33页。

更是无产阶级与资产阶级、后发国家与发达国家的阶级划分，夺取空间控制权成为阶级斗争的关键所在。

从全球空间的视角来看，资本的全球化使得经济危机的空间风险蔓延至全球，不平等的国际政治与经济秩序也为第三世界国家带来了难以想象的空间灾难，并进一步造成了本已高度一体化的国际经济空间中的分裂与不稳定。而随着信息与网络技术的发展，发达国家利用自身技术上的优势不断蚕食他国网络空间，世界就逐渐全方位地被资本主义的空间霸权所侵占。先发资本主义国家还进一步借助金融资本的力量，使全球金融体系屈从于发达国家资本霸权的统治。此外，传统的殖民主义主要是以掠夺原始生产资料、贩卖人口以及倾销过剩产品等手段进行殖民统治，而新型殖民主义则主要从对空间中物的掠夺转向对空间本身的掠夺，这种极力突破各种空间和地域限制，为资本主义谋求最大利益的活动，必然引发各种地域性的空间危机，危机又进一步导致各地种族与阶级矛盾的尖锐化。

空间危机同时也指出了突破当代资本逻辑的现实道路。马克思主义空间学派认为在晚期资本主义发生变革的“薄弱”环节正是“空间”。通过对现代资本主义社会中差异性空间的释放，以及遍及各种社会中广泛意义上的左派抗争，从而达到对资本逻辑的普遍反抗。但马克思主义空间学派也认识到，空间问题不过是资本逻辑在当代的空间性展现，是人们理解资本逻辑和资本主义的一个视角，并不能用空间批判取代对资本的批判。

（四）“数字”视角下的资本批判

进入信息时代后，信息网络技术被大范围地运用到资本主义的生产过程之中，资本借以增殖和扩张，形态发生了巨大的改变，数字资本主义的概念应运而生。数字资本主义是伴随着工业化和全球化的深入发展而诞生的资本主义新阶段，即信息时代的资本主义，它借用数字网络技术、现代信息手段，以“数字”资源为媒介、网络“平台”为场域，进行计算化的生产、分配、交换和消费，凭借发现差异、收集数据、拓展市场的形式来获取利润，从而形成全新的资本主义生产方式。区别于工业时代的实物生产、商品运输与交换，虚拟编程、远程传输与数字转换成为数字资本主义的主要经济特征。同时，数字信息技术也广泛地渗透进人们的精神生活与心理结构之中，从而使整个文化形态、艺术审美、教育研究等各个领域屈从于数字逻辑与资本霸权的操控。

“数字”作为一种信息资源，是数字资本主义的核心资源。“从本质上说，任何可以被数字化——编码成一段字节——的事物都是信息”[①]。由此看来，各项工业生产数据、商品价格、股票指数、网页浏览量等都是信息资源，都可成为数字商品进入现实的经济运行之中。这些商品去除了传统商品具有的实体性、现实

---

① 〔美〕卡尔·夏皮罗、哈尔·R.范里安著，孟昭莉、牛露晴译：《信息规则：网络经济的策略指导》，中国人民大学出版社2017年版，第2—3页。

性等诸多特点，而仅仅作为网络信息世界中符号化、虚拟化的“数字”来进行传输、储存与交易。此外，“平台”作为群体间能够进行虚拟互动的信息场域，是数字资本主义展开的基础。“数字”的交换过程必须要有一定的场域，“数字”的储存更需要一定的载体与空间，所以“平台”成为数字资本主义的主要运作空间。它超越了实体性的物理场域，将一系列的数字资源和数据使用者更为有效地串联起来，以先于“数字”的虚拟场所构造了新的“信息工厂”。在数字资本主义时代，传统意义上进行生产的“工厂”被消除了物理空间意义的“平台”所取代，“数字”作为生产资料或商品可以直接、快捷地在“平台”之中进行生产、分配、交换和消费。这意味着，数字资本主义时代使人类相当程度地脱离了具象实物的束缚，并由此重构了人类社会的生产与交往方式。

可以说，数字经济与数字“平台”不受时空等物理条件的限制，及时快捷无损耗地进行高效生产和精确消费，完美地体现了资本主义生产方式的特质与规律，也最大程度地满足了资本增殖的内在需要。

（五）“金融”视角下的资本批判

20世纪70年代以来，西方资本主义呈现出显著的金融化趋势。作为这一过程的结果，大量资本从实体生产部门转移到金融运转中，金融部门对其他经济各部门的主导地位开始凸显。这一变化叠加国家公共债务的增长以及银行系统的信贷扩张，使得西方资本主义国家的经济增长越来越依赖金融资本的增殖与金融投机活动。在此背景下，实体经济部门也越来越依赖于金融渠道甚至直接参与金融活动来获取利润，以往的“生产—销售—获利”模式遭到极大颠覆。金融部门对实体部门的挤压进而造成了产业工人的失业狂潮，同时，金融投机的高回报又促使普通人倾向于将收入投入金融投机之中，这又进一步推高了系统性的资产与金融风险。此外，过度的金融化还导致了社会财富和权力分配的极度不平等，主要依赖于传统生产性部门获取收入的中间阶层与工人阶级的消费能力大大降低，他们只能越来越依赖于超前消费和债务透支，这又将进一步推高金融泡沫。最终，建立在预期发展基础上的信贷和消费行为使得资本主义经济更加脆弱，作为结果的周期性经济危机便使整个社会深陷恶性循环之中。

因而，金融资产的虚假性繁荣掩盖了资本积累的真实困境，成为当代西方资本主义国家现实经济危机的总根源。资本主义只能周期性地依靠金融危机强制性地迫使资本贬值从而暂时恢复利润率来解决结构性危机。在微观经济领域，特别是在企业层面，金融化与“股东至上主义”相伴而行。股东至上主义的核心观点是，企业的首要目标应是股东利益最大化。在金融化和股东至上主义推动下，资本主义企业越来越多地将企业资金甚至是借贷来的资金用于回购自身股票，由此不断推高公司股价，使得股东不再主要靠生产或贸易领域的红利获得收益，而是主要靠公司股票价格上涨带来资产收益，由此带来企业层面的脱实向虚倾向，并产生金融资产泡沫。

面对西方资本主义的过度金融化以及不断累加的金融风险，大卫·哈维、福斯特等学者提出了过度积累论，认为过度积累只会引发对资产价值而非生产的投资，最终使得整个经济体系承担金融危机的风险。大卫·哈维认为，资本主义的健康发展必须保持每年3%左右的经济增长率，但问题的关键在于如何实现3%的增长，这在现实的经济活动中面临诸多障碍并最终导致过度积累的产生。哈维将“过度积累”定义为“资本家无法为可支配的剩余资本找到出路的状态，无论是由于劳动力的限制，还是市场的限制，抑或是资源、技术和其他限制”[①]。相类似的，福斯特提出：“对于垄断企业而言，积累的主要问题在于如何为巨大的并不断增长着的可支配的剩余资本找到充足的投资渠道。由于缺乏新的历史因素来增加投资渠道，剩余资本找不到出路，资本积累的进程趋向于停滞。”[②]

（六）“劳资关系”视角下的资本批判

二战后，面对社会主义制度的竞争以及民主化运动的浪潮，西方发达资本主义国家特别是西北欧国家，开始制定并推行“从

① Joseph Choonara.Interview David Harvey–Exploring the Logic of Capital. *Socialist Review*, 2009, Mar.

② John Bellamy Foster.A Failed System: The World Crisis of Capitalist Globalization and its Impact on China. *Monthly Review*, 2009, 60(10).

摇篮到坟墓”的社会福利政策，积极打造所谓的“福利国家”。此外，代议制民主代表范围的扩大也使得工人阶级获得了一定的政治地位和社会身份，这些举措都在一定程度上调和了原本尖锐的阶级矛盾，使这些国家实质上形成了阶级妥协与阶级合作的政治局面。但与此同时，在经济全球化的进程中，资本实现了在全球范围内的自由流动，这就在事实上突破了单一国家和工会的制约，尤其是大型跨国公司的出现，极大地膨胀了资本的权力。吉登斯指出，从20世纪70年代初以来，“由于全球化的不断强化，资本的流动性使劳工被远远抛在后面，使这一平衡（福利国家中劳资双方之间阶级力量的一种平衡）失衡了。一俟这一平衡改变，政治上的组合就越来越多地偏离阶级间的划分，福利国家受到巨大压力”[①]。

与这种趋势相对应，第三次科技革命带来的企业生产的数字化与平台化也意味着劳动力的工作类型变得越来越个性化，传统的大规模集中生产日益减少，工作场所进一步分散，各国劳动力就业呈现分散化趋势。劳动力流动性的增加也使工人阶级之间传统的利益纽带和工会的组织架构愈加松散，工会的代表权和合法性开始受到质疑。作为一种集体化力量的工人组织越来越难以同资本对抗，失去了与资本谈判的能力，这些都进一步导致了资本权力的膨胀。西欧十国社会民主党的理论与政策研究所发表的论

① 〔英〕安东尼·吉登斯、克里斯多弗·皮尔森著，尹宏毅译：《现代性》，新华出版社2001年版，第38页。

文集序言中就指出，面对全球化的挑战，社会民主主义的传统范式即“以凯恩斯主义福利国家模式为基础，提倡充分就业，扩展社会公正，谋求资本与劳动之间的一种平衡，那样的日子已经一去不复返了”①。

二、越南在改革中对资本的认识与政策

20世纪七八十年代，在苏联经济体制暴露严重问题和全球经济滞胀等因素的影响下，多数社会主义阵营国家开始由完全的计划经济体制向市场经济方向转变。

（一）关于市场经济和多种经济成分的认识与政策

越共六大召开前，越南国民经济主要分为社会主义经济（包括全民所有和集体所有两种成分）和非社会主义经济（主要包括个体和小业主），社会主义经济得到提倡，而非社会主义经济被严厉改造、压缩甚至消除。

越共六大开始承认在国民经济中存在多种经济成分，但强调国营经济的主导和支配作用，积极引导其他经济成分朝着社会主义方向发展，并且在流通领域继续强调要消灭私人资本主义经济。越共七大开始支持私人资本主义经济成分的发展，并支持国

---

① 〔德〕托马斯·迈尔著，殷叙彝译：《社会民主主义的转型：走向21世纪的社会民主党》，北京大学出版社2001年版，第19—20页。

家与国内外各种经济成分进行联合形成国家资本主义经济。越共八大认为“国营经济”只是“国有经济”的一个部分，从而把两个概念区分开来，并提出“国家资本主义以各种形式普遍存在”。越共九大在原有五种经济成分（国家经济、合作经济、国家资本主义经济、个体经济、私人资本主义经济）的基础上增加外资经济成分，指出它们都是国民经济的组成部分，并强调要为外资发展创造条件；鼓励资本主义成分的发展，还提出更广泛地进行国有企业股份化改革。越共九大报告提出，越南虽然跨越了资本主义制度的发展阶段，但应该接受和继承资本主义制度下人类文明的成果，包括一定程度上的资本主义生产关系和上层建筑，但不让其占有统治地位。市场经济作为一种资本主义制度下的人类文明成果，越南社会主义过渡时期可以采用，形成越南“社会主义定向的、由国家管理的、按市场机制运行的商品经济，即社会主义定向的市场经济”。至此，越南正式提出建设“社会主义定向的市场经济”，并明确这是“越南社会主义过渡时期的总体经济模式”。越共十大报告提出：在市场经济中，要把握好社会主义方向，提高国家的管理作用和效力；同时发展并有效管理各类市场，保证它们能够良性竞争；大力发展各种经济成分，发展各种类型的生产经营组织。越共十届六中全会通过的《继续完善社会主义定向的市场经济的决议》提出，市场经济是人类文明的成果，在资本主义社会得到高度发展，但是它本身并不等同于资本主义。现代市场经济是建设社会职能的手段，是实现社会主义的本质和目标的手段。至此，越南将市场经济与越南社会主义建设相融合，初步形成了越南社会主义定向的市场经济理论。越共十一大报告提出，越南的社会主义定向的市场经济，是共产党领导下的、由国家管理的、按照市场机制运行的多种经济成分的商品经济体制，它既要按照市场经济规律来运行，又受到社会主义本质和原则的指导和支配。越共十一大最终从法律角度确认，各种经济成分在法律面前平等，长期共同发展、互相合作和进行良性竞争。越共十二大报告提出，建设和完善社会主义定向的市场经济是越南经济体制改革的目标，并指出：越南社会主义定向的市场经济是完全和同步按照市场经济规律运行的经济体制，同时保证社会主义的方向与国家的每个发展阶段相符合；它是现代的、在融入国际时期的市场经济体制。

总之，越共对于国民经济中非社会主义经济成分的认识，经历了从逐渐认可到重视的过程：从作为非社会主义经济进行改造消除，到作为客观经济成分向社会主义引导，再到支持私人资本主义和国家资本主义的发展，最后到给予其与社会主义经济成分同等地位加以鼓励。

（二）关于生产资料所有制的认识与政策

在生产资料所有制问题上，越共十大是一个重要转折点。越共十大报告指出，各种经济成分相互交叉形成多种经济组织形式，各种依法活动的所有制成分都是社会主义定向的市场经济的组成部分，在法律上平等并长期发展，进行良性合作与竞争。其中，国有经济占主导地位，是国家定向和调节经济的重要物质力量，为推动各种经济成分共同发展创造环境和条件；国有经济与集体经济日益成为国民经济的坚实基础；私人经济具有重要作用，是经济发展的动力之一。越共十大报告把越南社会主义经济特征中“主要生产资料以公有制为基础”的表述去掉了。由于党内对这一转变出现很大分歧，越共十一大曾有意恢复原提法，但经过投票表决，最终还是决定坚持这一重大转变。面对是否会影响社会性质的质疑，越南学者梁廷海解释说：“在社会主义国家，私有经济要受到两种控制，一是党的引导，二是国家管理，还有国有经济、集体经济的存在，因此发展私有经济不会走回到资本主义社会。”范必胜认为：“过渡时期，在经济上应发展多种经济成分，调动资金、技术、管理等一切生产潜能，提高人民收入和生活水平。”①虽然包括阮富仲、黎有义等在内的一批领导人和理论家对此有不同意见，但只能接受投票结果。

在越共十大和十一大的文件里，还明确提出要使股份企业日益发展成为普遍的经济组织形式，促进生产经营与所有制的社会化。对此，越南学者刘碧湖解释说：“我们是社会主义定向的市场经济，市场经济在本质上既不是私人的也不是国有的，而是

① 〔越〕黎氏清霞：《当前越南跨越资本主义制度向社会主义过渡》，越南共产主义杂志网，http://www.tapchicongsan.org.vn/Home/Thong-tin-ly-luan/2017/46678/Qua-do-len-chu-nghia-xa-hoi-bo-qua-che-do-tu.aspx.

‘社会’的，就是‘社会所有制’……按照马克思的说法，社会所有制就是得到解放的联合起来的劳动者个人所有制，它的主要形式是股份公司。”①越共十二大报告指出，越南的社会主义定向的市场经济有多种所有制形式、多种经济成分，其中国有经济占主导地位，私人经济是国有经济的重要动力；各种经济成分的主体是平等的，按照法律进行合作和竞争；市场在有效调配资源方面发挥主要作用，是解放生产力的主要动力；国家资源要根据战略、规划和计划并按照市场机制进行分配。

总之，越共对于本国所有制方面的认识，经历了从绝对的公有制，到不再提以公有制为基础并进行所有制结构多元化，再到出现“社会所有制”观点的发展过程。而在实践中，越南公有制经济比重的确不断被压缩，非公有制经济比重不断上升。

（三）关于“按资分配”的认知与政策

在分配体制上，革新开放前的越南按照社会主义的最高标准来进行分配，认为越是均等的分配就越好，将社会公平与平均主义等同。

1991年越共七大首次提出允许多种分配形式：“按劳分配为主，鼓励能人并给予其相应的待遇，同时按投入生产和经营的资金来分配。”这是“按资分配”方式第一次正式得到承认。会议

① 参见2011年6月14日刘碧湖在中国人民大学经济学院所作的报告。

不再过分强调公平优先原则，而是鼓励劳动致富，并调整社会福利制度和收入差距调节政策。越共七届七中全会提出以按劳分配为主线，同时实行按照投资“资本”贡献率分配。1996年越共八大在分配方式相关表述中用“资源”(即“其他生产要素”)代替了“资本”，将“资源”对生产绩效的贡献率纳入分配考量体系，并将“资源”外延扩大到包括有形资本和知识产权等在内的智慧资源。越共九大的相关认知实现了质的飞跃，开始承认“在社会主义过渡时期实行平均主义分配原则是一个非常严重的错误”，并进一步指出“实行按劳分配和按绩效分配为主的原则，同时按照投入到生产经营的资源贡献率大小进行分配，以及通过社会福利调节过低收入；鼓励合法致富和消饥减贫相结合”，确立了较为成熟的多元分配原则。在此基础上，越共十大和十一大又提出通过民生和社会福利政策分配原则，缩小乃至从根本上消除社会贫富鸿沟，从而体现社会主义的优越性。但值得注意的是，在越共十大报告概括的越南社会主义的八大特征中，去掉了“按劳分配”，并且把“压迫”“剥削”“不公”等词删除。越南学者对此的解释为，现阶段越南处于过渡时期，为了发展生产力不得不接受一定限度范围内存在资本主义剥削和生活水平差距这一客观事实，但是这种差距不得导致像资本主义社会那样的两极对立。

总之，革新以来，越共对于分配体制的认识，从局限于按劳分配，转变为过渡时期条件下接受包含“按资分配”的多元化分配方式，虽然坚持反对出现贫富两极化，但暂时不强调消灭剥削和不公。从现实情况看，随着革新事业的推进，越南贫富差距问题比较突出，21世纪以来基尼系数一直维持在43%左右。

（四）关于“党员从事非公有制经济”的认识与政策

越南实行革新后，由于多种经济成分的存在和发展，人们必然在不同所有制的经济单位中流动。因此，如何对待共产党员从事非公有制经济的问题日益紧迫地提到越共的议事日程。

自1988年起，越共中央内部就已对此问题进行过多次讨论，但是难以达成共识。越共七大、八大通过的党章，都对党员条件明确规定“不从事剥削”，明确“党员不得从事私人资本经济”，越共八大还强调“不得借亲人名义经营私人资本经济”。越共八届四中全会对“不从事剥削”的党员条件作了灵活的解释，放开一个口子。越共总书记杜梅指出：“如果党员从事私人资本主义经济而走国家资本主义道路，就具有社会主义性质。按照列宁的观点，在无产阶级专政和党的领导条件下，国家资本主义占70%~80%，就具有社会主义性质。党员走国家资本主义道路，对非党资本家走这条道路也是个鼓励，以便全国向社会主义过渡。”[①]从越共八届十中全会开始，越共进一步讨论什么是私人资本经济、什么是剥削及按什么方向解决党员从事私人资本经济问题，但因分歧太大，长期难以达成一致。即便后来越共九大第五

① 《越南共产党八届四中全会文件》，河内国家政治出版社1998年版，第22—23页。

次中央政治局会议对党员从事私人资本经济的实际贡献作出了肯定评价，这些问题仍未研究清楚。

直到2006年越共十大，才正式作出党员可以从事私人经济（包括经营私人资本经济）的决议，在党章中删除了“不从事剥削”的条文，还提出：“尽快制定规则和指导执行。既要发挥党员从事经济活动的能力，又要保持党员的资格和党的本质。”越共十一大报告指出：“继续实施允许党员从事私人经济，试行吸收符合党员条件的私人企业主加入党组织。”从“试行”可见越共对接纳“企业家入党”问题仍然持谨慎态度。

总之，越共对党员从事非公有制经济问题进行了反复的讨论和慎重的考量，虽然以越共十大为标志突破了剥削理论的约束，但采取谨慎逐步放开策略，并对“企业家入党”的影响保持警惕。

经过梳理可以发现，越共对资本主义经济成分、生产资料所有制、按资分配、党员从事非公有制经济等方面的认知革新，都与越共对本国的发展阶段的认识变化一脉相承，即从社会主义阶段到“向社会主义过渡时期”（或社会主义过渡时期）的转变，特点是政策上逐步放开，理论上灵活配套，提法上去意识形态化，同时坚持越南特色社会主义，重视党的性质和党的领导权。

第四章
资本主义社会资本的形态和演变规律

自资本主义制度诞生以来，资本的形态就始终处于动态的变化过程之中，在资本主义不同的历史发展阶段、不同的生产技术条件下，资本的形态并不相同。这些不同的资本形态之间既具有来源于不同时代的差异性，也具有一脉相承的相似性。比较并剖析资本形态的演变历程与规律有助于我们更好地正确认识和把握资本的特性和行为规律。

一、资本形态的划分视角

资本形态是资本的重要属性，也是马克思主义理论的重要分析视角。从相关文献看，对资本形态的划分具有多种不同的思路，而理清导致这些思路差异的根本原因也是准确界定资本形态的根本前提。

（一）资本形态的内涵

资本形态有多种不同的划分视角，也有包括金融资本、商业资本、产业资本、虚拟资本等多种不同类型的资本形态。导致这一现象的关键原因在于资本概念本身的内涵非常丰富且始终处于动态演变的过程之中。

一方面，马克思对资本的界定本身就包括从人与自然的关系和人与人的关系两大维度。从马克思对资本的主要观点来看，马克思关于资本概念的一些重要表述分散在不同的著述里，其中比较重要的观点包括：资本“不是物，而是一定的、社会的、属于一定历史社会形态的生产关系，它体现在一个物上，并赋予这个物以独特的社会性质”①；“资本的实质在于活劳动是替积累起来的劳动充当保存并增加其交换价值的手段”②；“如果考察的是资本所表现的最初的形式，资本就是货币，就是商品；如果把资本同活劳动相对立起来加以考察，同时把价值看作资本的实体，资本就是同直接的即现在的劳动相对立的积累的过去的劳动；如果考察劳动即物质生产过程，资本就是劳动资料、劳动材料，总之，是用来制造新产品的产品；如果与劳动能力相交换的资本组成部分按它的使用价值加以考察，资本就是生活资料”③；“资本的价值保存过程、价值增殖过程以及价值实现过程，这三个过程的外在联系及内在统一构成了资本的运动，构成了资本自身”④。

另一方面，资本本身也处于随着历史发展阶段而不断演变的

① 马克思：《资本论》第3卷，人民出版社1975年版，第920页。

② 《马克思恩格斯选集》第1卷，人民出版社1995年版，第346页。

③ 《马克思恩格斯全集》第32卷，人民出版社1998年版，第173—174页。

④ 《马克思恩格斯全集》第30卷，人民出版社1995年版，第383页。

过程之中。从14、15世纪地中海沿岸出现资本主义萌芽，到17、18世纪重商主义理论与全球殖民地争夺的兴起，再到20世纪尤其是二战以后出现的垄断资本主义，资本主义制度自诞生以来也经历了多个不同的历史发展阶段。虽然资本要素自身逐利的本性没有发生变化，但受限于生产技术、组织技术、交通技术的时代限制，不同时代下资本获利的方式也不相同。比如，在重商主义时期，通过商业尤其是对外贸易活动来获得足够的利润是资本的主要获利方式与渠道；在全球殖民地争夺的战争时期，通过工业产品的倾销和比较优势来掠夺非工业化国家的资源与积累是资本获利的主要渠道；在垄断资本主义时期，金融手段与金融工具是资本实现其利润最大化的重要载体。

可见，资本要素自身的丰富内涵以及资本要素自身不断随着历史发展阶段而出现变化的特征同时构成了导致资本形态多元化的根本内因和直接外因。

（二）资本形态的划分

从整体上看，目前对资本形态的划分主要有三种代表性的思路。第一种思路是将马克思在《资本论》中提出的产业资本、商业资本、货币经营资本作为资本的形态。在此基础上，通过对产业资本、商业资本、货币经营资本的生产循环过程进行分析，又进一步衍生出其他的资本形态。例如，马克思在论述资本生产及循环的一般过程时，又将产业资本划分为商品资本、生产资本和货币资本三个类型。第二种思路则是根据资本主义的历史发展阶段，将资本按照其在不同历史时代下的主要职能和不同特点划分为商业资本、产业资本、金融资本、虚拟资本等类型①，目前绝大部分文献都持这一划分思路②。第三种思路同样是根据资本主义不同的发展时代，从马克思时代、列宁时代以及二战后三个阶段来划分资本的主要形态，如有文献提出资本的形态可以被划分为马克思时代的资本形态、列宁时代的资本形态以及二战以后的资本形态。

从三种关于资本形态的划分思路看，第一种划分思路下所得到的更多是一种资本类型而非资本形态，第二种与第三种划分思路下所得到的资本形态才是真正的资本形态。资本类型与资本形态是两个密切相关却完全不同的概念，资本类型是一种依据事物的性质、功能等某一标准进行的静态划分方法，而形态是通过对事物形态发展的前后对比来把握事物前后发展阶段的差异性，是一种侧重于动态比较的方法。显然，我们讨论的资本形态实际上是资本在不同历史发展阶段下的具体表现方式，具有明显的动态属性。因此，商业资本、产业资本、金融资本、虚拟资本这一过程才是资本主义社会下资本形态的主要演变过程。

① 在这一划分思路下，虚拟资本不仅仅包括金融资本，也包括类似于知识资本等其他类型的新型资本。

② 参见张春敏、肖志家：《从资本形态的演变看次贷危机爆发的制度性原因》，《教学与研究》2009年第1期；徐国亮：《资本形式演变与虚拟资本形成的逻辑》，《甘肃社会科学》2006年第3期；桑明旭：《资本形态演变与市民社会的历史逻辑》，《中州学刊》2020年第11期。

（三）资本形态的关系

商业资本、产业资本、金融资本、虚拟资本是资本主义制度下资本形态演进的主要类型。但值得强调的是，这几类资本形态在资本主义制度下并不是非此即彼的关系。虽然我们将资本形态根据资本主义制度的不同历史发展阶段进行了明确划分，但这并不意味着在某一个特定的资本主义制度历史发展阶段只会存在某一种特定的资本形态。实际上，在不同的资本主义发展阶段，这些不同的资本形态都是同时存在的，只不过在不同历史发展阶段占据主导地位的资本形态类型不同。比如，在资本主义萌芽和重商主义时期，商业资本固然占据了绝对主导地位，但产业资本与金融资本对资本主义制度的向前发展也产生了重要的促进作用；在垄断资本主义时期，金融资本的地位和重要性不断提高，但产业资本的竞争优势和支撑作用同样会对金融资本产生巨大影响。因此，资本形态的划分并不意味着资本形态之间的泾渭分明和互不干扰，而恰恰说明资本形态之间的演变是持续进行且高度相关的。

二、资本形态的演变过程

在资本主义制度发展的不同阶段，各种形态的资本都不同程度地同时存在，但占统治地位的资本形态却不断发展变化。分析资本主义制度发展历程中占统治地位的资本形态的实质，有利于揭示资本主义制度的演变路径。

（一）资本主义萌芽时期占统治地位的商业资本

商业是人类社会的重要产业结构类型，也是人类逐步从自给自足的发展阶段走向相互交易发展阶段并形成市场经济的开始。从人类历史以及市场经济的历史看，资本主义制度最早产生于西欧。马克思指出："资本主义社会的经济结构是从封建社会的经济结构中产生的。"[①]14世纪以后，西欧部分国家的手工业发展迅速，产业规模迅速扩大，随之而来的是雇佣关系以及资本家的产生，最终导致了该行业中的手工作坊转化为资本主义制度下的手工工场，这是资本主义生产关系的最初萌芽。但是马克思也同时指出："资本主义时代是从16世纪才开始的。"[②]这是因为随着航海技术的提高，16世纪出现的地理大发现迅速将世界市场联系在一起，越来越多的欧洲国家开始意识到国际贸易能够带来巨大的发展机会和财富，这会进一步激发这些国家内部的商业资本开始扩大投资规模，全球的国际贸易迅速发展，商业资本成为支配全球贸易市场的主要资本类型[③]。在这一时期，由于重商主义理论认为一个国家只有在国际贸易活动中坚持"多卖少买"的原则才能够不断地获得其他国家的金银财富，这就使得重商主义理论成为商

① 《马克思恩格斯全集》第23卷，人民出版社1972年版，第783页。

② 《马克思恩格斯全集》第23卷，人民出版社1972年版，第784页。

③ 参见高德步、王珏：《世界经济史》，中国人民大学出版社2001年版，第172页。

业资本取得支配地位的重要理论基础。然而，随着资本主义制度的发展和生产力发展水平的提高，虽然商业资本形态始终存在于资本主义制度，但是却不再具有这一时期的主导地位。

（二）资本主义自由竞争时期占统治地位的产业资本

在地理大发现推动的全球贸易大发展的刺激下，西欧各国在16—18世纪之间完成了资本原始积累，为工业革命与资本主义生产方式的成熟奠定了坚实的经济基础。工业革命的爆发地——英国——在19世纪40年代完成工业革命后，其他包括美国、法国、德国、俄国等资本主义国家也分别在19世纪50、60、70、80年代完成了工业革命[①]。在这些国家都完成工业革命后，其综合国力都得到巨大提升，整个人类社会和资本主义制度开始进入了资本主义生产方式的自由竞争时期。在资本主义的自由竞争阶段，坚持“多卖少买”的商业资本不再占有资本形态的主体地位，取而代之的是产业资本。

与商业资本依靠地理大发现导致的全球贸易的蓬勃发展相同，产业资本的主体地位则与工业革命密切相关，工业革命中工业部门的技术创新，不仅使资本主义国家的工业有了飞速的发展，同时也带动了农业、交通运输业、建筑业等其他产业的发展。尤其是以机器生产为代表的资本主义生产方式确立后，极大

① 参见高德步、王珏：《世界经济史》，中国人民大学出版社2001年版，第33页。

地提高了劳动生产率，整个资本主义国家的工业生产的增长速度非常快。18世纪10—80年代，世界工业生产指数提高近2.3倍（以1913年为100，从0.55上升到1.80），而1802—1812年到1870年，提高5.1倍多（从3.18上升到19.50）[①]。也正是针对这种生产力极大发展的现象，马克思才指出："资产阶级在它的不到一百年的阶级统治中所创造的生产力，比过去一切世代创造的全部生产力还要多，还要大。"[②]这是对产业资本所带来的资本主义生产的迅速发展的最好概括，也是产业资本在这一时期呈主导地位的最直接体现。

（三）垄断资本主义时期占统治地位的金融资本

19世纪末，随着主要资本主义国家工业革命的完成，资本主义的生产技术进一步提高，不同国家、不同企业围绕市场份额展开的竞争越来越激烈。为了避免激烈的市场竞争造成的两败俱伤，企业与企业之间开始联合并逐渐形成了诸如卡特尔、辛迪加、托拉斯、康采恩等垄断组织。伴随着工业领域的企业与资本集中程度的不断提高，银行业也开始出现了大规模集中和垄断现象。到20世纪初，主要资本主义国家银行业集中和垄断已经发展到相当高的地步。在这个过程中，银行的功能也发生了巨大的变化，即由过去单纯的资金借贷中介演变为货币资金的垄断者并对

① 参见高德步、王珏：《世界经济史》，中国人民大学出版社2001年版，第238页。

② 《马克思恩格斯选集》第1卷，人民出版社1995年版，第277页。

全社会货币资金的分配具有了决定权，从而也掌握了控制产业部门发展的能力，这使得银行资本逐渐融入产业资本并成为金融资本。金融资本的出现既能通过为产业资本家提供巨额资金来加速工业资本的集中和垄断，同时也会诱导社会上的其他资本向这些获得金融资本支持的企业集中，长此以往，整个国家政治经济生活都将被金融资本和金融寡头所控制，这是垄断资本主义的重要特征之一。

当然，虽然金融资本的出现显著提高了货币在经济中的地位，金融体系也逐渐成为经济体系中具有支配性的力量，但由于银行资本仍然受到金本位制度的制约，金融资本尚不能完全脱离产业资本而存在。但当第一次世界大战爆发后，各国停止了金铸币的流通和银行券的自由兑换，战后没有一个国家能够恢复金铸币的流通，金本位制度已不能维持下去。特别是在经历1929—1933年的世界经济危机后，任何金本位制度都不复存在，取而代之的是不可兑换的银行券货币制度，这一制度的建立对整个世界经济的影响是巨大的，也逐渐导致了金融资本向更为无形的“虚拟”资本的转变。

（四）当前资本主义阶段占统治地位的虚拟资本

二战后，金本位制度已经不复存在，一个国家的货币发行量不再依据国家的金银储存量，货币的价值更多地受到国家信用的影响。从这个角度看，这就意味着货币已经成为一种虚拟的符号，其价值已不再具有实物价值的物品的保障了。货币的虚拟化表明资本主义国家的经济已经发展到由强大的信用体系来支撑的阶段，尤其是布雷顿森林体系建立后，美国凭借其全球第一的经济军事实力让美元成为全球货币，为资本在全球自由扩散奠定了坚实基础，在这样的背景下，虚拟资本在资本主义生产方式中逐渐占据了主体地位。

所谓虚拟资本，主要是指能够定期带来收入的，以有价证券形式所表现的资本。按照这样的定义，商业票据、纸币、股票、债权等有价证券都是虚拟资本，因为它们在流通领域反复被交易，是同一货币或所有权、债权凭证的反复使用产生的资本的虚拟。20世纪60—70年代，随着计算机技术和通信技术的发展，虚拟资本也在不断地衍生出新的品种，出现了大量的金融衍生品，这些虚拟资本是对股票和债券等虚拟资本的再次虚拟。2007年全球次贷危机爆发的前一年，世界市场上的金融资产平均流量逾115万亿美元，是商品贸易额的50倍[①]。可见，在当今发达的资本主义国家，虚拟经济在总量上已经占绝对优势，虚拟资本也成为当前在资本主义生产方式中占主体地位的资本形态。

除此之外，随着资本主义制度的发展，还出现了其他类型的虚拟资本类型，其中比较典型的包括知识资本与符号资本等。知识资本主要指的是对人力、知识、信息资本的重新界定。20世纪

① 参见张春敏、肖志家：《从资本形态的演变看次贷危机爆发的制度性原因》，《教学与研究》2009年第1期。

60年代以来，在高技术产业革命的推动下，西方理论界对于“知识、技术、信息”在产业资本中所发挥的作用进行了充分的讨论，并提出了“人力资本”“知识资本”“信息资本”“精神资本”等概念，他们认为这些资本与传统的“物质资本”相对立，是一种无形资本，并成为一种独立的商品参与市场交换①。符号资本指的是资本通过参与音乐、戏剧、电影、电视和各种娱乐行业的精神产品生产并在技术媒体的支撑下，把数字化的电影、电视、音乐、刊物、游戏作为物质商品进行消费，这种商品的价值不再具备类似于传统艺术产品的持久价值，是一种完全符号化了的资本，迪士尼乐园、变形金刚等IP产品所带来的消费狂潮已经证明，这种符号资本更有利于资本控制消费者的消费欲望。

三、资本形态的演变特征

从资本形态的演变历程看，资本在资本主义社会下的演变呈现如下规律与趋势。

（一）领域上，资本逐步向非物质领域扩张

从最新的虚拟资本形态看，整个资本形态的发展方向表明

① 参见〔美〕西奥多·W·舒尔茨著，吴珠华译：《论人力资本投资》，北京经济学院出版社1990年版，第30页；〔美〕曼纽尔·卡斯特著，夏铸九等译：《网络社会的崛起》，社会科学文献出版社2001年版，第22页；肖锋：《信息资本与当代社会形态》，《哲学动态》2004年第5期。

资本正逐步从物质领域扩展至非物质领域。从资本的不同形态看，商业资本与产业资本形态更多地出现于实物生产领域，如衣服、汽车、飞机、煤炭、石油、房屋等满足消费者衣食住行等基本需要的商品领域，而到了金融资本尤其是虚拟资本形态主导的时代，相比于物质消费领域的缓慢增长，精神性消费的产品正在全球急剧增加和流动，部分国家的体育联赛转播合同的金额经常超过数百亿美元，而我国国内的短视频行业也在蓬勃发展，根据中国国家版权局发布的《中国网络版权产业发展报告（2020）》，2020年中国网络版权产业市场规模首次突破1万亿元，网络短视频用户规模达8.73亿。因此，可以认为，资本正全面地进入知识生产、书籍出版、心理治疗、教育培训、文化娱乐、体育竞赛等领域并不断地生成精神产品。也就是说，在全球不同国家的语言、符号和意义的基础上，人类在知识和思想需求、视觉和听觉能力的产品满足方面，由于技术媒介作为精神产品的载体，资本正在大举扩张到上述领域并将其作为新的利润增长点。

（二）方式上，资本金融化运作的程度逐渐提高

金融资本是虚拟资本的重要类型，资本的金融化也是虚拟资本攫取利润的主要手段。资本的金融化趋势主要表现为金融部门利润在总利润中所占的份额空前膨胀，大量资本从实体部门转入金融运作之中，导致金融部门对实体部门的挤压效应扩大、支配能力增强；经济增长也越发依赖金融投机活动所支撑的资产泡

沫。以美国为例，美国金融部门利润在公司利润中的占比在1984年以前呈缓慢上升趋势，从1963年的16.3%增加到了1980年的19.3%，1984年仅为15.1%，从1960年到1984年平均值是17.4%。从1985年到2005年，美国金融部门利润在公司利润中的占比上升增速，1985年为20.9%，2005年为32.4%。进入21世纪以来，美国金融部门利润在公司利润中的占比迅速增加，2001年为41.4%，2002年为43.8%，2003年为42.9%。2007年全球次贷危机的爆发使得该比例大幅下降，2008年降为了13.4%，但仅仅一年后又回升到了36.7%[①]。在这一过程中，国家发行公共债务或银行体系通过信贷创造货币的行为成为经济增长的主要动力，但这一过程实际上却缺乏实体剩余价值生产的支持，这无疑极大地增加了经济体系的不稳定性和系统性风险。

（三）载体上，平台企业开始成为金融与虚拟资本的重要载体

从过去20余年资本主义国家的发展特征看，越来越多的平台企业开始取代传统的制造业企业与金融企业并逐步对整个国家乃至世界的经济产业格局产生重要影响。一方面，全球经济中最具统治力的企业逐步从制造业企业变成了科技巨头，如美国的苹果公司市值已经超过3万亿美元，超过了183个国家的GDP规模；亚

① 参见马锦生：《美国资本积累金融化实现机制及发展趋势》，《政治经济学评论》2014年第4期。

马逊的市值也超过了1.6万亿美元，这些企业市值极大、利润率极高，但相比于传统的制造业企业，此类企业雇佣的活劳动相对极少。从其业务范围来看，这些企业的主营业务大多是提供流通领域的服务或从事具有极高创造性和排他性的知识产品生产，这些业务在马克思主义政治经济学批判的经典框架之内，更接近不直接产生价值的经济环节。另一方面，目前资本主义国家兴起了“独角兽”热且绝大部分独角兽企业都是平台企业。独角兽指的是成立不超过10年、估值超过10亿美元的初创型企业。虽然这部分初创型企业的实体剩余价值生产能力并不清晰，但依靠风险资本对企业的估值来吸引金融资本接盘并套利，仍然使得这部分企业在过去一段时间创造了不可忽视的巨大财富。根据胡润研究院发布的《2021全球独角兽榜》(Global Unicorn Index 2021)，包括美国、英国、德国、法国在内的西方发达资本主义国家的独角兽企业数量都进入了前六名，其中美国更是以487家独角兽企业的数量占据榜首位置，其独角兽企业市值总额也超过了1万亿美元。

（四）形式上，传统信用货币的地位面临巨大冲击

资本的直接形式——货币，在当代社会历史情境中也发生了根本性变化。这种变化一方面以最为直接的方式昭示了新资本形态的产生，另一方面也最为直接地表现出新资本形态的内在矛盾。马克思将信用看作货币相对完善的一种存在形态，而银行则是信用制度进一步发展的结果，即货币的完成形态。在《资本论》

第3卷中，马克思用“信用和虚拟资本”以及“信用制度下的流通手段”两章更为详尽地探讨信用问题。无论是在对生息资本逻辑下的虚拟资本的探讨中，还是在对以银行为中心的信用制度的批判中，对于马克思而言，信用都是一种资本的虚拟化，因而它必然是以货币体系为前提的。然而，近年来逐步发展起来的区块链技术所试图建立的分布式信用体系，恰恰是一种有可能不局限于货币体系，或者说有可能超越货币体系界限的信用体系。在这一体系中，信用作为人类进行社会交往的重要行为规范，是内生于信用主体的。不同于传统货币衡量标准下的信用体系。在区块链的世界中，人作为庞大网络[①]中的一个节点，一言一行、一举一动都会被盖上时间戳记录在可追溯且不可篡改的区块链中，这就意味着区块链所提供的技术可能性不仅会重塑人与人之间建立信任的机制，还能完全改变传统货币衡量标准下的信用体系。

四、资本形态的演变规律

通过回顾与分析资本在资本主义社会的演变历程与特征，可以认为资本形态的演变历程实际上就是资本为了克服制约其顺利实现逐利目标的不利因素而不断升级资本形态的过程，主要呈现如下四方面规律。

① 这里的网络已经不再是1.0时代的信息互联网，而是2.0时代的价值互联网。

第一，资本形态的演变受经济发展阶段的直接影响。从资本形态的演变历程看，资本形态的演变明显受到经济发展阶段演变与技术进步的驱动，是经济基础决定上层建筑的表现之一。比如，商业资本、产业资本、金融资本与虚拟资本实际上是资本主义制度不同发展阶段中的资本在当时经济技术发展条件下的必然转向。

第二，资本形态转变的目的是持续获得利润。资本之所以出现多次形态转变，关键原因是资本攫取利润的过程不断被资本主义内生经济危机所打断，而为了维持资本攫取利润的能力，资本就会不断进行演变从而绕开已经出现的经济危机和制约因素。比如，在资本主义制度的萌芽期，商品交易是利润的主要来源，市场相对是无限的，在这种背景下，能够控制交易和增加交易次数的商业资本就能够成为这一时期的主要资本形态。但当资本主义制度逐渐成熟时，全球贸易体系开始建立，不同资本主义发达国家就要围绕市场份额展开激烈的竞争，在这种背景下，国家内部生产方式的效率就会决定该国产业、企业与产品在全球市场上的竞争力和份额，也最终会决定资本的利润规模，由此，能够充分体现资本主义生产效率的产业资本就会取代商业资本成为这一时期的主要资本形态。可见，为了持续攫取利润，资本形态会通过演变升级来绕开制约因素。

第三，资本形态的演变表现为一种创新的过程。由于资本形态演变的本质是攫取利润，所以资本形态的演变往往以创新的形式呈现。比如，当金融资本成为资本主义社会的绝对主宰后，由于在国际经济活动中，金融资本对国家主权安全的冲击在屡次经济危机中已经得到充分体现，开始意识到并防范资本主义发达国家金融战争和金融攻击的国家越来越多，金融资本想要在其他国家也取得类似于国内的影响力将面临巨大阻力。在这种背景下，金融资本就会以形式多样、表面安全的虚拟资本形态出现，开始向后发国家出口游戏、电影、文化、书籍、网络等多种不同类型的虚拟产品，而虚拟产品尤其是基于互联网平台的虚拟产品往往带有很强的创新迷惑性。

第四，资本形态的演变没有彻底解决资本主义主要矛盾，并不能无限度进行。由上文可知，资本形态的演变是其为了持续攫取利润而自发出现的行为。因此，资本主义社会下的资本形态演变实际上也是一种“否定之否定”的过程，每当遇到令当下占主导地位的资本形态难以继续攫取更多利润的新难题时，资本主义社会下的资本形态就会进行新一轮的升级并演变为其他类型的资本形态从而继续攫取更多利润。然而，从资本形态演变的本质看，资本形态的演变并没有触及资本的内涵与资本主义制度的内生缺陷，尤其是资本采取了形态演变来绕过与延缓资本主义内在的缺陷和矛盾，这种资本形态的演变与升级的本质仍然只是缓解资本主义制度根本危机的权宜之计，并不能从根本上解决资本主义制度的收入差距危机、社会化大生产与生产资料私人占有之间的矛盾等难题。

第五章
社会主义市场经济条件下资本的形态和行为

中国共产党在领导社会主义经济体制改革的历程中，创造性地建立了社会主义市场经济，破解了市场经济与资本主义的捆绑关系，将价值规律引入了社会主义，发挥价值规律在社会主义初级阶段高效促进资源配置的重要作用。深化社会主义市场经济体制改革，要求我们必须推进社会主义市场经济的理论创新，必须立足于正确认识和把握社会主义市场经济条件下的资本形态与行为规律。市场经济是一种价值增殖经济，每个微观经济主体必须在生产过程中实现增殖。因此，市场经济是以资本运动为主体的经济运行机制，资本是市场经济的内生范畴。

一、社会主义市场经济条件下资本的类型

党的十九届四中全会创造性地将我国的基本经济制度概括为："公有制为主体、多种所有制经济共同发展，按劳分配为主

体、多种分配方式并存，社会主义市场经济体制。”[①]社会主义市场经济是一个伟大创造，社会主义市场经济中有各种形态的资本。公有制为主体、多种所有制经济共同发展，决定了社会主义市场经济中必然以公有资本为主体、多种资本共同发展。就其主要矛盾而言，社会主义市场经济的各种形态的资本，主要表现为公有资本和私有资本。

从所有制角度而言，资本在社会主义市场经济条件下呈现出如下类型：国有资本、集体资本、民营资本、外国资本、混合资本。

国有资本是社会主义市场经济条件下的主体，指的是社会主义公有制下，国家所有的、由政府通过一定方式使用的国有资产，其主体通常是政府及其企业代表，通常与国有资产联系在一起。此外，国有资本还包括混合所有制经济中的国有成分，以及包括土地、林地在内的国土资源。国有资本是我国经济的主体资本，其关系着国民经济命脉的重要行业和关键领域，代表着全体人民的利益，控制着国民经济的命脉。具体而言，国有资本主要积聚的行业为：关系国家安全的行业和领域；关系国民经济命脉的重要行业和关键领域，即关系到民生问题且投资周期较长的行业和领域；部分投资周期相对比较短的新兴产业、高新技术产业和一些支柱性产业。数据显示，截至2020年底，全国国有企

① 《中共中央关于坚持和完善中国特色社会主义制度　推进国家治理体系和治理能力现代化若干重大问题的决定》，人民出版社2019年版，第18页。

业资产总额为268.5万亿元，国有金融企业资产总额为323.2万亿元，行政事业性国有资产总额为43.5万亿元，国有土地总面积为52333.8万公顷，全年水资源总量为31605.2亿立方米。

集体资本也是社会主义公有制下的资本类型，通常包括城镇集体所有制经济和农村集体所有制经济中的资本，是属于局部的、地区性的公有资本。集体资本是对乡镇集体企业、合作社经济的抽象，特征是实现的财富和价值创造归特定劳动群众集体所有。农村集体资产主要有三类：第一类是集体所有的土地等资源性资产，第二类是用于集体统一经营的经营性资产，第三类是用于公共服务的非经营性资产。数据显示，截至2019年底，全国共有集体土地总面积为65.5亿亩，账面资产为6.5万亿元，其中经营性资产为3.1万亿元，占47.4%；非经营性资产为3.4万亿元，占52.6%。集体所属全资企业超过1.1万家，资产总额为1.1万亿元。

民营资本指的是生产资料私人所有下所产生的资本，以是否较多地雇用工人为标准可以划分为私人资本和个体资本。民营资本体现的是与公有制相对的私有制经济，是我国经济制度的内在要素。民营资本是市场经济的微观基础，通过价格与竞争机制创造价值，资源配置效率较高。民营资本规模大小不一，但却贡献了大量的税收、就业等。数据显示，2019年，私营企业数为243640个，城镇私营企业和个体就业人数为26258.24万人，税收占比超过50%。可见，民营资本为我国社会经济发展作出了重要贡献。

外国资本指的是独资的外资经济和合资经济中，由别国直接掌握的资本类型。随着现代股权制度的发展，外资在中国的经济参与更加广泛，不仅表现为直接投资设厂，还包括以战略投资、直接控股、间接控股等资本形式介入企业经济活动。根据商务部《中国外资统计公报2021》数据显示，1978—2020年，外资新设企业数为1040213个，实际使用外资金额为24398.1亿美元；2020年新设外商投资企业38578家，实际使用外资金额为1493.4亿美元；外商投资分布于第一、第二、第三产业，第三产业的企业数和外资金额最多。

混合资本指的是混合经济中体现的资本类型，主要表现为公有制和私有制的混合，即公有资本与私有资本共同存在于依托的股份公司。由此，混合资本必然以股份公司为载体，表现为多元化产权。具体而言，公私混合的行业和领域主要是部分关系到民生问题的行业、新兴产业、高新技术产业和一些支柱性产业，目前我国已经启动了国有企业的“混改”行动，自2016年国家发展改革委、国务院国资委牵头开展国企混改试点至今，已先后推出了4批共208家试点，混改试点企业由点向面梯次铺开、范围全面扩大，呈现明显加速、向纵深推进的态势。数据显示，2018年至2020年，中央企业新增混合所有制企业超过3000家，引入社会资本共计5000多亿元。中央企业所有者权益中，引入社会资本形成的少数股东权益由2012年的3.1万亿元增加到2019年的8.4万亿元，少数股东权益占比提高10多个百分点。

可以看出，社会主义市场经济条件下的资本，实际是对社会主义市场经济的抽象，体现的是从所有制结构出发对经济主体和元素的抽象，特别是对市场经济下的企业及其股份和生产资料等的抽象，通常就是从所有权的角度描述经济主体的性质。其中，贯穿社会主义市场经济条件下资本的主要矛盾表现为公有资本和私有资本的辩证统一问题。

二、社会主义市场经济条件下资本的形态

马克思批判与研究资本问题的基本思路与方法路径，对于研究社会主义市场经济条件下的资本形态有着重要理论价值。在《1857—1858年经济学手稿》中，马克思运用黑格尔的逻辑学进行资本的叙述，强调范畴从一般到特殊，再从特殊到个别的逻辑跃升过程，得出了关于资本一般（一般的、共同的）、资本特殊（特殊的、多样的规定）、许多资本（个别的、复杂的规定）的重要观点。资本形态是指资本关系在一定社会历史条件下的具体表现方式，是资本实现自身本性的具体、特殊的形式。在资本增殖过程中，资本必须通过具体的方式来实现自身的目的。在不同的社会历史条件下，资本展现出不同的形态。这是由于，资本在不断克服自身内在矛盾过程中，试图通过形态的变化，特别是超越现存的、已有的表现形式，走向更高级的表现方式。

其一，在总和的一般层面，表现为资本一般。“资本一般”是

资本存在的“整体”，它是“各种互不相关的独立要素而存在的”的“许多资本”的“内在必然性”和“基础”，体现的是各种资本形态作为资本所共有的规定。“资本一般”是对具体的、特殊的资本形态、资本类型在总体层面的抽象，体现了资本所共有的特性。

其二，在历史特殊层面，表现为资本特殊。“资本特殊”指的是在特定的经济社会形式中呈现出的资本规定，是特殊的、历史的资本形态。一方面，生产与流通共同构成了资本生产的总过程，是资本循环往复中不可缺少的组成部分。生产资本是指处于生产领域的资本，即为在物质形式上以生产资料和劳动力存在、在价值形式上以不变资本和可变资本形式存在的资本。流通资本是指在流通领域中发生作用的资本。流通资本通常所采取的形式主要是货币资本和商品资本。货币资本是以货币形式存在的资本，是职能资本中最一般的表现形式，表征为从货币到货币的循环形式，最为强烈地体现了价值增殖的目的性。商品资本是以商品形式存在的资本，其特征是以商品资本为出发点经过出售过程、生产过程再转化为商品资本。另一方面，在社会主义市场经济中，资本特殊突出的是所有制性质赋予资本的特殊性质。其中，资本特殊在我国呈现出国有资本、集体资本、民营资本、外国资本、混合资本，也就是公有资本与私有资本并存的局面，其中必然以公有资本为主体。在所有制性质区分的一般前提下，资本形态的历史发展过程不仅反映了生产力的最新变化，还承载着特定历史下的生产关系。

其三，在许多资本层面，表现为相互竞争的资本。一方面，从资本的分工来看，形成了职能资本的基本形式。随着社会分工的发展，资本循环和周转中各个部分的资本实现了职能独立即职能资本，也就是执行相应职能的产业资本。产业资本是按照生产方式经营的物质资料生产部门的资本，包括工业、农业、交通运事业、建筑业之中的资本。其中，工业资本是其中的典型代表。流通领域的资本采取了独立形式后，便形成了商业资本和生息资本。商业资本也就是商品经营资本，是商品资本的独立化形式，是在流通领域中独立执行职能专门从事商品买卖的资本。货币资本的进一步发展造成了货币的所有权和使用权相分离，进而独立为生息资本。生息资本是为获得利息而贷给他人使用的，是凭借资本商品的所有权获取利息的货币资本。生息资本的进一步发展存在着向银行资本的转化过程。另一方面，从资本的横向发展来看，形成了资本的联合发展。随着社会生产的发展，资本的形态演进存在着从单个资本走向多个资本联合发展的趋势，典型代表包括垄断资本、金融资本和科技资本。一是垄断资本。单个资本的积聚和集中加速了多个资本的联合进程，最终导致垄断资本的形成。联合制在垄断的形成和发展中具有重要作用。联合制分为三种：向上的联合制、向下的联合制和混合的联合制。向上和向下的联合制主要是基于同一生产链的延伸，混合的联合制则是不同产业领域的联合。随着联合的发展，当联合起来的企业足够多，乃至可以控制该部门的生产和价格时，“局部联合”最终转化为“垄断联合”。从西方资本主义国家发展历史来看，大致经历了从私人垄断资本走向国家垄断资本，最后达到国际垄断资本的演变历程。二是金融资本。金融资本以货币资本为基础，通过货币活动进行生产性积累和非生产性积累，最终实现价值增殖。列宁较早地分析了金融资本问题，认为金融资本应包括“生产的集中；从集中生长起来的垄断；银行和工业日益融合或者说长合在一起”[①]。美国洛克菲勒集团即为早期金融资本的典型。洛克菲勒集团通过在20世纪前20多年对石油工业的经营，掠夺了大量剩余价值，积累了巨额资本之后，于1929年兼并大通银行，形成了独立金融体系，实现了自身实力的迅速发展。随着现代科技与金融的发展，金融资本通常存在着两种形态：货币资本和虚拟资本。一方面，货币资本以商业信用、银行信用等方式从货币所有者转入生产过程，并凭借货币支配权占有部分生产利润。另一方面，虚拟资本表现为金融资本通过发行股票、债券、期货、保险等金融衍生品方式构建庞大的有价证券市场，也就是将未来利息收入进行资本化，成为虚拟的收入凭证。金融资本以其高度的灵活性和自主性，试图介入国民经济各个领域，不仅以信用的方式控制产业资本、商业资本，又以各种金融衍生品深刻影响社会经济生活，而且以负债消费的方式鼓励短期消费。三是科技资本。

① 《列宁选集》第2卷，人民出版社2012年版，第613页。

随着现代科技革命的深入，特别是计算机、互联网、工人智能的出现和广泛使用，深刻改变了现今时代的生产方式。科学技术在生产中的应用可以增强单个资本的竞争力，使自己处于竞争的优势地位。因此，资本越发展，越要用科学来武装自己，从而实现其不断扩大价值量的目标。具体而言，科学水平和技术进步愈加成为财富创造的根本依靠。科技人员及其所掌握的知识技术，成为实现价值增殖的关键。由此，资本在与知识或技术的结合过程中形成了科技资本。一方面，科技资本强调资本对技术创新的引领和控制，即进行技术投资推动科技创新，最终借助科技成果实现价值增殖。另一方面，科技成果能够作价出资，以技术入股的方式参与收益分配。简言之，科技资本是对作为生产资料的科技成果的所有权的资本化，是先进科技与资本结合的产物。

三、社会主义市场经济条件下资本的特性

（一）资本一般的性质

资本的一般性是社会总资本所具有的一般特征，反映各单个资本所具有的共同的规定性的资本形式。资本一般可以是社会总资本的形式，也可以是撇开了单个资本特殊性质的个别资本的形式。由此，资本一般的性质实际上存在于每一个资本之中。

其一，从物质属性角度看，资本是各类生产要素，具有流动性。马克思指出：“资本是由用于生产新的原料、新的劳动工具

和新的生活资料的各种原料、劳动工具和生活资料组成的。”[①]由于资本投入生产时必须购买用于物质生产的各种必要材料，因此原料、工具等表现为资本经过交换而得的物质资料。此外，劳动者的劳动是由生活资料交换而来，生活资料成为资本的物质形式之一。凭借着对物质载体的支配，资本可以轻松更换物质呈现形式，在各类生产资料中转换，具有极强的流动性。更重要的是，资本的内在要求其必须流动起来，这是因为只有在资本流动之中才能实现价值增殖。

其二，从价值生成角度看，资本是价值的总和，具有增殖性。无论是生活资料，还是生产工具和原料，它们都首先表现为商品，并且是能够与别的产品交换的产品。由于它们都是商品，它们必然以一定的交换价值体现出来，即体现为一定量的货币。在此意义上，资本是商品的总和、商品的价值量的总和，也就是交换价值的总和。马克思指出：“资本的躯体可以经常改变，但不会使资本有丝毫改变。”[②]价值的抽象性，使得它可以游离于各项劳动产品等物质资料之中，同时又能保持自己的属性。更为重要的是，作为价值总和的资本内在追求更多的价值，其目的正是实现自身的价值增殖，从而具有了强烈的增殖特性。

其三，从社会关系角度看，资本是一定生产关系，具有扩张性。无论是生活资料、劳动工具、原料，还是经由社会生产得到

---

① 《马克思恩格斯文集》第1卷，人民出版社2009年版，第723页。

② 《马克思恩格斯文集》第1卷，人民出版社2009年版，第725页。

的商品，都是在一定生产关系下生产出来的，并进一步用于生产过程。马克思在《资本论》中指出："资本不是物，而是一定的、社会的、属于一定历史社会形态的生产关系。"[①]马克思对资本定义的核心是社会生产关系，而这种生产关系内在要求实现扩张。社会主义市场经济下的资本是对生产关系的集中体现，充分反映了人与物、人与人在从事生产活动之中结成的关系。为了谋求实现更多的价值与利润，资本展现出强烈的扩张性，不断突破时间和空间乃至社会层面的限制，不仅塑造了经济生产关系，而且有着向政治领域、社会领域扩张的冲动，试图成为"特殊的以太"，形成以资本为核心的社会关系。

（二）资本特殊的性质

从"资本一般"到"许多资本"，是资本运动、资本形式由简单上升到复杂、由抽象上升到具体的发展过程。其中，资本特殊的性质体现在许多资本的性质之中。在资本一般的基础上，可以更好地从资本特殊，也就是不同种类的资本中理解资本的特殊性质。

1.公有资本的特性

马克思指出："资本不是一种个人的力量，而是一种社会的力量。所以，把资本变为属于社会全体成员的集体财产，并不是

① 《马克思恩格斯文集》第7卷，人民出版社2009年版，第922页。

把个人财产变为社会财产。这里所改变的只不过是所有制的社会性质。它将失掉它的阶级性质。”[1]失去阶级性质的公有资本的特性体现在三个方面。其一，归属全体人民。公有资本是公有制在社会主义市场经济运用的产物。公有制的生产资料性质，赋予了公有资本鲜明的公有性，即生产资料归属全体人民所有。其二，代表人民利益。公有资本在其现实的资本运动中实现的剩余价值最终划归为国家和集体所有，而国家和集体代表着广大人民的利益。因此，公有资本创造的价值的使用，应是符合人民利益，即扩大生产规模、改造技术、投资公共设施、维护劳动者权益都与人民利益相一致。其三，推动共同富裕。公有资本的资本积累，不仅用于提高生产力，还用于缩小收入差距、地区差距、城乡差距，以此缩小区域人均财政支出差异，加大对欠发达地区的支持力度，最终达到全体人民共同富裕的目的。

2.私有资本的特性

私有资本的特性体现在三个方面。其一，归属私人所有。私人资本的私有性质，决定了私人资本创造的“需要价值”，在扣除税收后其余部分皆为私人所有，表现为凭借生产要素对利润的瓜分，最后实现了“生产需要价值”和“个人需要价值”两部分。其二，代表私人利益。私人资本在资本运动过程中主要以资本的利益为出发点，考虑的是单个资本如何实现利润最大化，根

① 《马克思恩格斯全集》第4卷，人民出版社1958年版，第481页。

本上服务于价值扩大的目的，因此更多关心的是价值而不是使用价值，主要关心的是个体利益而不是群体利益。其三，谋求资金积累。私有资本具有实现更多积累的特性，而不断发展生产正是其重要途径。资金积累具有量和质两方面发展路径，量的扩张要求私有资本不断扩大生产，质的发展则要求私有资本改进生产技术。谋求资金积累客观上扩大了生产，改进了生产技术，推动了生产力的发展，创造出大量的社会财富。

四、社会主义市场经济条件下资本的行为规律

马克思和恩格斯在《资本论》及其手稿中已经揭示了现代复杂社会中基本的结构：资本、土地所有制、雇佣劳动；国家、对外贸易、世界市场。[①]其中，“资本—劳动—国家”构成了资产阶级社会的主要框架，预示了从私人垄断资本向国家垄断资本的发展内容。中国特色社会主义市场经济体制，既旗帜鲜明地坚持了中国共产党的领导，又充分发挥了资本的作用，形成了“资本—劳动—政党（国家）”的基本社会框架。这一阐释框架不仅揭示了借助资本的现实必然性，又指出超越资本逻辑的历史可能性，构成了我国现代化道路特性形成的基本前提。

从纵向和横向的维度来看，社会主义市场经济条件下资本的

① 参见《马克思恩格斯文集》第8卷，人民出版社2009年版，第588页。

行为规律，通常可以划分为一般规律和特殊规律：前者体现了在一般市场经济中的资本性质，后者反映了在中国特色社会主义市场中的资本运动的特殊性质。

就一般规律而言，资本在价值规律引导下以生产过程为起点，试图实现在生产领域的扩张；资本运动内在规律外在表现为竞争、垄断乃至无序扩张，并介入政治领域与社会领域。一般规律突出了资本的运动性、连续性，明确指出资本必须在运动中才能实现增殖。

从纵向的资本运动来看，资本在没有约束的情况下，存在着从单个资本的运动到多个资本联合的趋势，有着发展至垄断资本的必然逻辑。单个资本通常以商品和货币的形式进入生产过程，通过资本的积累不断实现生产的扩大，再经历资本的流通过程，以货币资本、生产资本和商品资本的循环方式进行资本的循环与周转，最终形成了资本生产的总过程，即资本的生产、流通、分配和消费的总过程。资本生产的总过程按照价值规律展开，目的在于实现价值增殖，最终以平均利润为轴心，实现了资本的复归运动。这也就是资本运动的典型形式。单个资本在积累和积聚的基础上有着资本集中的趋势，即以竞争与信用为杠杆，从独立资本通过吞并或者联合的方式形成较大资本的过程。资本集中是市场经济的自然取向与必然趋势，也是资本发展的必要前提和途径。在资本集中的基础上便是多个资本的联合。资本联合的发展为资本垄断奠定了重要基础，最终达到了多个资本的彻底融合，也就是垄断资本的产生，即在生产部门内实现对生产全过程的掌握，并通过垄断价格持续获取高额的垄断利润。从我国市场经济现状来看，近年来，随着我国社会主义市场经济的快速发展，产生了既有“平台垄断化”，又有“资本金融化”特征的寡头企业和资本形态，而这些企业和资本兼具垄断与金融属性。

在此基础上，资本的运动在缺乏约束的情况下，存在着三种趋势。一是垄断生产部门的趋势。资本的积聚和集中构成了资本垄断的基础。不仅如此，借助科技发展成果，我国社会主义市场经济下的垄断企业以新的生产方式实现了对数据、算法、流量等新型基础设施的垄断，从而凭借支配市场条件进行金融扩张、参股关键企业，进一步巩固垄断地位与扩张资本。二是脱离生产领域的趋势。马克思指出，资本的生产方式“都周期地患一种狂想病，企图不用生产过程作中介而赚到钱”[①]。当资本发展至特定阶段时，存在着脱离生产过程，试图直接实现G-G’的转化。“脱虚向实”在我国现实的表现就是“企业的金融化”趋势。据万德数据统计显示，以2021年1月1日—9月14日为认购日期计算，2021年以来A股共有1125家上市公司购买理财产品，认购金额合计超8700亿元。在上市公司购买的理财产品中，定期存款、结构性存款、通知存款、银行理财产品、证券公司理财产品、理

① 《马克思恩格斯文集》第6卷，人民出版社2009年版，第67—68页。

财公司理财产品、信托、逆回购、基金专户等都有涉及。三是无序扩张的趋势。资本的本性在于追求价值增殖，使用价值则显得无关紧要了。由此，资本的布局仅会考虑如何实现利润、实现价值扩大的问题，从而忽视了国家长远发展战略和人民群众的需要。从现实来看，当下市场中的部分平台企业已经形成了垄断，而且将资本投入生产、分配、交换、消费各领域，这深刻影响着人们各方面的生活，同时在生产和消费两端分享收益，打造了新型基础设施。

从横向的资本运动来看，资本在无序扩张之下，必然侵犯劳动者利益，介入社会领域。资本在达到垄断之后便拥有了个别或者多个生产部门的垄断价格的定价权及其所带来的垄断利润。更重要的是，把资本引入经济生活，形成了以资本为中心的经济权力结构。为了追求更高的利润，垄断资本存在着向经济领域之外的其他领域扩张的天然冲动，即介入政治生活、社会生活等。向外扩张的活动表现为，以资本的力量和现实行动加剧劳动者竞争、损害群众利益、影响社会舆论、操纵意识形态、干预政治决策、进行权钱交易等。

具体表现有，一是加剧财富分配和收入分配的不平等，制造更加严重的相对贫困问题。垄断不仅意味着对生产资料的垄断，而且会加速财富和收入向富有家庭集中。这将意味着，普通和贫困家庭收入增长的相对削弱。也就是说，与生产和经济的发展水平相比，垄断加剧了普通家庭和贫穷家庭收入增长的相对落后程度，最终必然降低社会的平均消费倾向，使社会消费需求的增长更加落后于社会生产的发展。二是鼓励“超前消费”，制造“稀缺性消费”和“成瘾型消费”。根据尼尔森的报告数据显示，我国“90后”人群的平均负债大概是12.7万元，总体的债务与收入的比例是18.5，这意味着，年轻人要用18.5个月的工资收入才能还完所欠债务。该报告还指出，互联网分期消费产品凭借灵活便利等优势，渗透率和好感度最高，其使用率高达60.9%（信用卡为45.5%）。垄断平台凭借着金融工具和数据算法优势，不仅通过分期消费、短期小额金融贷款等工具渗透至消费者生活，而且以数据模型实现精准推送广告，最终导致各类超前消费。“稀缺性消费”体现在高度白酒、高端中药等行业的高价炒作，直接赋予了特定消费品金融属性。医美、盲盒等消费产品更是加速着“成瘾型消费”深化。三是凭借金融手段与垄断地位进入传媒行业。资本集团进入传媒行业常见的手段有投资、投放内容广告、创办媒体等，形成了涵盖报纸、杂志、网站、视频、电视、新媒体、社交媒体等形式在内的庞大传媒帝国，以此有助于垄断互联网流量，建立基于数据的壁垒，通过对流量的垄断影响公众关注点转移、影响社会舆论乃至引导市场行为。四是滥用垄断地位干预法律及司法行为，甚至干扰政府决策。一方面，资本集团深刻影响了注册地的法律和司法行为，形成了一定的司法地方保护主义。有研究发现，在地级市以下法院，如果诉讼管辖地和公司注册地一致，胜诉概率可以增加40%[①]。另一方面，资本集团针对政府部门展开积极公关。中央第十四巡视组在商务部的巡视反馈中指出，商务部“选人用人方面的问题反映较多，日常监督管理存在薄弱环节，干部流失问题比较突出，基层党建工作抓得不够严实”。根据商务部官方网站上公布的历年来商务部机关辞职和取消录用人员名单显示，从2008年到2017年，商务部累计辞职人数达152人。从媒体披露出来的商务部部分辞职人员去向来看，大部分商务部的辞职干部都选择到企业任职，其中不乏在知名企业担任高管的人员。从工作性质上来看，辞职后的职位大致与此前在商务部负责的事项相关。总结而言，资本介入多领域的行为，其本质上是服务于资本增殖的需要，也就是从生产领域扩张至社会生活全领域，进而保证垄断利润的稳定获取。

就特殊规律而言，中国特色社会主义赋予了资本新的规定，表现为引导资本规范健康发展，划清资本界限，保持资本与多领域之间的平衡。

从纵向的资本运动来看，坚持党的领导有助于资本的规范发展，消解资本不正当竞争，反对资本垄断，排除“大而不倒”的资本隐患，引导资本发展方向。在社会主义市场经济下，党和国家的介入有助于规范资本发展方向和趋势，即形成了资本的特殊运动规律，一是反垄断和不正当竞争。垄断资本有着消除竞争的

① 参见赵玉洁、戈福建：《高管政治关联、本地优势与诉讼结果》，《中国会计评论》2019年第3期。

天然要求，在一定历史时期必然会对生产和技术发展起阻碍作用。因此，坚持党的领导有助于反垄断和不正当竞争，激发市场活力，推动资本与先进生产力结合，从而实现生产方式的变革。二是克服经济“脱实向虚”的趋势。“脱实向虚”本质上是资本趋向利润率高的部门的资本行为。在宏观经济层面上，脱实向虚表现为资金不断流入虚拟经济，引起影子银行体系膨胀、资产价格繁荣，以及实体经济有效投资不足。在微观经济层面上，脱实向虚主要指企业金融化，即非金融企业增加金融资产投资而减少生产性投资的现象。[①]习近平总书记强调：“金融是实体经济的血脉，为实体经济服务是金融的天职，是金融的宗旨，也是防范金融风险的根本举措。”[②]坚持党的领导有助于遏制“脱实向虚”的趋势，稳定实体产业与产业资本，抑制企业金融化，防范化解重大金融风险，促进经济效率和金融稳定的持续提升。三是优化布局，谋划产业长远发展。当代国家之间的竞争根本上是核心产业的竞争，国家的安全也是立足关键核心技术。坚持党的领导实现资本运动的特殊规律，有助于推进国有资本布局战略性调整，落实国家产业政策和重点产业布局调整总体要求，推动国有资本向关系国家安全和国民经济命脉的重要行业领域集中，引领各类资本补齐产业链供应链短板，提升供应链保障能力和产业体系抗冲击能力，形成

---

① See Epstein, G. A. Financialization and the World Economy. Northampton, *MA*: *Edward Elgar*, 2005.

② 《习近平谈治国理政》第2卷，外文出版社2017年版，第279页。

资本资源的整合协同，加快突破一批行业共性技术和关键核心技术。四是厘清界限，引导资本服务国计民生。从“资本—劳动—政党（国家）”的社会框架来看，党和国家作为资本与劳动对立之外的力量发挥，有助于厘清资本发展的边界。一是为资本设置“红绿灯”有助于防止资本野蛮生长，特别是防止其干预政治和社会舆论、影响社会意识形态，划清资本与政治等领域的界限，预防政治“旋转门”现象的产生，乃至防止资本对权力的侵蚀。二是规范资本行为，防止资本无序扩张有助于保护劳动者权益，推动共同富裕重要进程。在特殊规律的作用下，对资本运动的干预有助于平衡劳动报酬与资本收益，保护劳动者基本利益，提高劳动报酬，防止资本对于劳动的压榨，解决收入差距拉大、劳动报酬在初次分配中的比重较低、居民收入在国民收入分配中的比重偏低等问题，同时，防止资本无序扩张有助于防止社会阶层固化，畅通向上流动通道，为劳动者提供平等机会，形成人人参与的发展环境，避免“内卷”“躺平”。三是推动资本有序发展有助于引导资本服务国计民生。基本公共服务是由政府主导、保障全体公民生存和发展基本需要、与经济社会发展水平相适应的公共服务，而公有资本的共享性决定了其在基础设施建设和改善民生中起着主导作用。资本有序发展有助于发挥公有资本在服务国计民生、提供公共产品方面的重要作用，保障人民群众得到基本公共服务的机会。

第六章
社会主义市场经济条件下资本的地位和作用

一、社会主义市场经济条件下资本的地位

资本是社会主义初级阶段的应有范畴和市场经济的共有范畴，因而构成了社会主义市场经济的必然范畴，并在其中发挥着重要的作用。那种把奴隶社会、封建社会与私有制、简单商品经济画等号，把资本主义社会与私有制、市场经济画等号，把社会主义社会、共产主义社会与公有制、计划经济画等号的认识是错误的，利用资本和市场经济促进经济发展绝不是资本主义社会的专利和特有范畴。

（一）资本是社会主义初级阶段的应有范畴

生产力高度发达的共产主义社会不存在资本范畴。马克思在《资本论》中对资本主义生产方式进行了全面的检视，一方面肯定了资本促进生产力发展的作用，另一方面得出在同一过程中萌发着否定资本因素的结论。在此基础上，马克思在《哥达纲领批判》中描绘了未来共产主义社会资本消亡、“劳动解放”、“自由人

联合体的设想”。马克思把共产主义社会分为第一阶段和高级阶段。共产主义社会第一阶段“不是在它自身基础上已经发展了的，恰好相反，是刚刚从资本主义社会中产生出来的，因此它在各方面，在经济、道德和精神方面都还带着它脱胎出来的那个旧社会的痕迹”①。“旧社会的痕迹”主要是指“这里通行的是调节商品交换（就它是等价的交换而言）的同一原则”，即商品交换原则和按劳分配原则。这里的按劳分配原则“内容和形式都改变了”，“每一个生产者，在作了各项扣除以后，从社会领回的，正好是他给予社会的。他给予社会的，就是他个人的劳动量”②。共产主义社会高级阶段实行的则是“各尽所能，按需分配”。需要说明的是，马克思这里所说的共产主义社会第一阶段是发达资本主义发展到顶峰后通过社会主义革命建立起来的社会经济形态，是旧的生产关系容纳的全部生产力发挥完毕的自然结果。正是在这个意义上，共产主义社会是对资本的本质规定性和现实规定性双重否定的社会形态，因此在这个阶段不存在资本范畴。

生产力不发达的社会主义社会利用资本的必要性。世界共产主义运动的实际进程与马克思设想的不同，社会主义制度首先在生产力相对落后的国家产生，社会主义是在资本主义因素薄弱的国家首先成为现实。社会历史的现实复杂性决定了社会主义存在一个不可跨越的初级阶段。通过对俄国社会主义发展阶段的深

① 《马克思恩格斯文集》第3卷，人民出版社2009年版，第434页。

② 《马克思恩格斯文集》第3卷，人民出版社2009年版，第434页。

入分析，列宁指出："我们在剥夺了地主和资本家以后，只获得了建立社会主义那些最初级形式的可能，但是这里还丝毫没有共产主义的东西。"[①]也就是说，剥夺地主和资本家，也就是实行土地和资本国有化，只是奠定了初级形式的社会主义的基础，问题的关键在于如何从国有化和没收过渡到社会化。列宁根据俄国国情提出通过国家资本主义向社会主义过渡的主张，"在苏维埃政权下，国家资本主义就是社会主义的前阶，是社会主义取得可靠的胜利的条件"[②]。这意味着列宁在实践中回答了生产力不发达的社会主义社会利用资本的必要性，并且对利用资本的方法、形式作出了积极探索。随着生产资料私有制的社会主义改造的基本完成，1956年社会主义制度在我国基本确立起来，社会主义如何建设被提上日程。在社会主义的建设中能不能、是否需要利用商品、资本等因素成为理论上必须首先回答的问题。毛泽东指出，"商品生产不能与资本主义混为一谈"，"商品生产，要看它是同什么经济制度相联系，同资本主义制度相联系就是资本主义的商品生产，同社会主义制度相联系就是社会主义的商品生产"，就中国而言由于"已经没有了资本主义的经济基础"[③]，因此可以大胆利用商品的积极作用。事实上，从生产力与生产关系的角度可以看出，社会主义初级阶段的突出矛盾是先进生产关系与相对落

① 《列宁全集》第38卷，人民出版社2017年版，第37页。

② 《列宁全集》第34卷，人民出版社2017年版，第290页。

③ 《毛泽东文集》第7卷，人民出版社1999年版，第439页。

后的生产力之间的矛盾，利用商品、资本等因素的必要性就在于它们适应这个阶段的生产力，能够促进生产力的发展。

其一，社会主义初级阶段生产力的发展水平远远未达到令资本消亡的历史极限。马克思在《资本论》创作中（尤其是1857—1858年手稿），深入讨论了“价值关系和以价值为基础的生产”向未来社会转变的生产力条件。第一，财富尺度从劳动时间向自由时间和人的全面发展转换，即直接生产中投入的劳动量对财富的作用越来越小，必要劳动与剩余劳动的对立逐步消失；自由时间不仅对个人来说成为劳动之外的剩余时间，而且对于社会而言也成为生产力发展的动因；劳动时间不再是，也不可能再是财富的尺度；以价值为基础的生产自然终结。第二，人与生产过程的关系发生根本转变，即所有程序化的重复性的可以由机器来替代人从事的工作从人的劳动活动中退出；劳动从深入直接生产过程之中的机器系统的“部件”，转变为站在过程旁边对之进行监督和控制的主人。第三，劳动的社会性质发生根本转变，即以职业专门化为特点的旧式分工趋于消亡，“那种把不同社会职能当作互相交替的活动方式的全面发展的人”，代替了“只是承担一种社会局部职能的局部个人”[①]。由于社会主义初级阶段生产力的发展水平还不够发达，因此资本还具有存在的必要性。

其二，资本的在场能够促进社会主义初级阶段生产力的发

① 《马克思恩格斯全集》第20卷，人民出版社1971年版，第320页。

展。一方面，从个人劳动与社会劳动的关系来看，在社会主义初级阶段劳动只是个人的谋生手段，劳动者并不自愿超出满足其消费需要的必要劳动之外提供剩余劳动；另一方面，劳动又是社会财富的生产手段和社会财富的衡量尺度，只有积累劳动才能有财富的积累，只有积累剩余劳动才会有社会生产的发展。劳动者个人利益与社会利益处于明显的矛盾对立之中，劳动对于社会的稀缺性是这一矛盾的集中表现，劳动时间超出必要劳动时间的延伸是个人与社会争夺的焦点。资本是社会用以“协调”这一矛盾的工具，并且在劳动性质未变的整个历史阶段具有无可替代的主导作用。马克思说：“资本的伟大的历史方面就是创造这种剩余劳动，即从单纯使用价值的观点，从单纯生存的观点来看的多余劳动。”[①]资本权行使的手段无非是强制，一方面是企业内部对劳动大军的“管理性强制”，另一方面是市场内部优胜劣汰的“竞争性强制”。资本正是通过扮演企业内外这两个强制执行者的角色推动社会生产力发展。从资本的运行层面看，追求增殖是资本的本性或自发性，即它具有利润冲动或逐利性，并由此产生竞争性。一方面，正是由于资本具有这种自发性，才促使资本经营者精打细算、开源节流、合理配置资源，并不断开拓创新、努力提高效率，从而力求在市场上赢得竞争优势。另一方面，资本的自发性在交易层面同时孕育了自觉性的萌芽。也就是说，为了合理

① 《马克思恩格斯全集》第30卷，人民出版社1995年版，第286页。

配置资源，减少交易成本，便产生了关于商品流通自由、交易平等以及商业信用等的规则要求。上述两个方面的相互联系及其统一，对促进资本作为“物”的作用的发挥，对于把人的潜能从以往的等级身份的束缚下解放出来，获得高效的配置和运用，意义重大。于是，才有了马克思所肯定的“资本的伟大的文明作用”。

其三，推动资本的充分发展是消灭资本的历史目标所无法替代的历史环节。正如马克思揭示的，“资本不可遏止地追求的普遍性，在资本本身的性质上遇到了限制，这些限制在资本发展到一定阶段时，会使人们认识到资本本身就是这种趋势的最大限制，因而驱使人们利用资本本身来消灭资本”[①]。换句话说，正是在利用资本、市场和商品货币关系的进程中，第二大社会形态上“普遍的社会物质变换、全面的关系、多方面的需要以及全面的能力的体系”[②]才能全方位地建立起来。社会经济形态的演进是一个漫长的历史过程，没有物质前提条件的真正成熟，人类社会无法实现商品经济形态向产品经济形态的历史跨越。而“以资本为基础的生产”充分展开的过程，则恰恰就是推动物质前提条件走向成熟的过程。从这个视角出发，便不难理解马克思所指出的，“如果我们在现在这样的社会中没有发现隐蔽地存在着无阶级社会所必需的物质生产条件和与之相适应的交往关系，那么一切炸毁

① 《马克思恩格斯全集》第30卷，人民出版社1995年版，第390—391页。

② 《马克思恩格斯全集》第30卷，人民出版社1995年版，第107页。

的尝试都是唐吉诃德的荒唐行为”[①]。因此，社会主义初级阶段资本的在场通过推动生产力的发展，为将来自己的退场做好了准备条件，是社会主义社会向共产主义社会迈进的必经阶段。

（二）资本是市场经济的共有范畴

从历史上看，资本是商品经济发展的必然产物。在自然经济条件下，生产一般以家庭为单位，由于生产资料主要以土地为主，其他劳动工具数量较少，不需大量的先期投入，生产规模小，社会中可以交换的产品数量有限，基本上是一种自给自足的经济。在商品经济条件下，社会分工日益深入，生产的社会化程度大大提高，生产所需的机器、设备等生产资料和劳动力的数量大，种类多，而所有这些资源都是商品。要将分属不同所有者的各种生产要素集合起来，进行有效的生产，是非常复杂且成本很高的。正是在这一背景下，才出现了最早由包买商出面，垫付货币购置各类生产原料，组织众多生产者进行生产的手工工场，后逐渐发展为大规模的工厂、企业，这也就是资本产生的过程。

从理论上看，资本是市场经济社会化大生产的必要前提。市场是商品生产者之间以货币为媒介而形成的商品交换过程。商品交换网络的发展意味着商品生产条件下的社会分工的发展，因此，市场不是简单的众多商品之间的交换，其实质是隐藏在供给与需求背

① 《马克思恩格斯全集》第30卷，人民出版社1995年版，第109页。

后的众多生产者之间的人与人的社会关系。供给与需求关系是生产与消费关系的另一种表述。完全市场化下的资源配置，没有生产、商业等资本，各种生产要素不可能结合，如果潜在生产力不可能转化为现实的生产力，那么社会所需的产品就无法生产出来。不管初始资本来源如何，对于社会生产来说，这种预付货币资本都是必要的，是现实生产活动的前提，是各种生产要素所有权交换的组织者。各种生产要素进入生产领域后，原来的要素所有者不再对资产拥有控制权，控制权由一个统一的企业资本所掌握，由资本组织生产和销售，实现劳动者与生产资料的结合。可见，资本的存在是市场经济条件下现代化大生产的必要前提，只要实行以交换为目的的商品生产，就必然存在资本。熊彼特曾经明确地表达过资本的作用："资本，无非是杠杆，凭借着它，企业家可以使他所需要的具体商品受他的控制，无非是把生产要素转用于新的用途，或引向新的生产方向的一种手段。这是资本唯一的职能，这种职能使资本在资本主义经济机体中的地位被完整地刻画出来。"①

社会主义社会必然存在，而且在很长时期内还存在资本范畴，这一结论主要有两方面的现实依据。一方面，在公有制经济内部，尽管劳动者在生产资料占有方面存在"所有者缺位"状况，使得社会主义的劳动力商品化问题显得十分复杂。但无法否认的是，商品经济阶段仍然需要市场配置劳动力资源。劳动者通过签

---

① 〔美〕约瑟夫·熊彼特著，何畏、易家详译：《经济发展理论》，商务印书馆1990年版，第129页。

订劳动合同等方式转让自身的劳动力所有权，劳动力在很大程度上仍然具有商品属性，从而使一切劳动产品和劳动者创造的剩余价值，都表现为资本的价值形态。另一方面，现阶段我国生产资料所有制结构仍然是公有制经济与非公有制经济并存的格局，资本在社会范围的广泛存在，是不同所有制之间以及公有制内部存在商品交换关系的必然结果。作为社会化大生产和商品经济特征的资本被保留下来，劳动力依然采取商品的形式，劳动产品及其增量还需采取商品及价值形式，不同生产者必须通过交换获得不同种类的产品，不同利益主体通过采取货币资本化的形式获得自身经济利益，因此，社会主义扩大再生产过程仍然通过资本增殖的形式进行，社会主义市场经济实践中资本仍然发挥重要作用。归根结底，现阶段我国存在资本范畴的历史必然性是由我国所处的社会经济形态决定的，因此，应该在资本产生、发展到消亡的客观历史进程中把握我国社会主义市场经济条件下的资本范畴。否认社会主义市场经济中资本必然存在性的观点，不利于中国特色社会主义政治经济学逻辑自洽性的最佳发展。当然，在社会主义市场经济条件下，生产关系与资本之间发生了新的有机联系。社会主义市场经济是以公有制为主体的市场经济，既要体现社会主义的制度规定性，也要遵循市场经济的一般规律，以及驾驭资本的现实要求。

（三）资本在社会主义市场经济条件下的使命

资本的使命之一是解放和发展生产力。在社会主义市场经济条件下，存在着劳动对资本的依附和资本对劳动的控制，资本通过将劳动者的劳动时间延长到必要劳动时间之外以创造剩余劳动，进而推动生产力的发展。就公有资本而言，公有资本体现的是劳动者阶层内部的经济利益关系，之所以推动从管国有企业向管国有资本的转化，其根本目的就在于更好发挥市场经济配置资源的优势和更好利用资本控制劳动的强制性，增加社会积累。这既是社会主义扩大再生产的必要条件，也是我国当前所处历史阶段的客观要求。我国的社会主义是在生产力水平比较落后的基础上建立起来的，在社会主义初级阶段，国家作为生产资料的直接所有者，其对剩余价值的占有和使用，不以满足企业或是劳动者个人的需要为根本动因，而是从国家利益和发展需要出发，为经济社会发展进行必要的公共积累。就非公有资本而言，其对劳动的外在强制总是与对私人剩余价值最大化和资本积累的追求密切相关。一方面，对剩余价值的不懈追求，构成了非公有资本不断推动剩余价值资本化的内在冲动；另一方面，激烈的市场竞争作为一种外部的强制力量，也在客观上要求非公有资本不断通过资本积累实现扩大再生产。客观地讲，非公有资本也是社会主义市场经济条件下促进社会财富总量增长和生产技术改进的重要力量。

资本的使命之二是为人的自由全面发展创造基础。在任何时期人类都必须进行的物质生产是劳动、劳动资料和劳动对象的有机统一，其中劳动资料是“人类劳动力发展的测量器”，生产工具更是全部生产力因素起作用的集中体现，生产工具的发展表现为用机器替代手工工具。机器由工具机、传动机和发动机三部分构成，工具机用工具代替工人完成对劳动对象的加工；发动机摆脱人力的限制，用自然力代替人力；生产发展不再依赖个人技艺，而是建立在科学技术提高的基础之上；直到最后，人完全退出直接生产过程，转而成为生产过程的设计者、调节者和监督者，机器大工业生产实现了直接生产过程中对人的全面替代。在这个进程中，人们的工作能力伴随频繁的职能更替和劳动互换而不断提高，同时人们投入直接生产过程的劳动时间不断减少，可以把大量的结余时间转而投入其他有益身心发展的方面，实现人的全面发展。资本在这个发展演变过程中起着极其重要的推动作用。在追求价值增殖的动力和竞争对手的外在压力下，资本积极探索外部客观世界，发现旧物质的新属性和新物质及其规律，不断创新使用价值形式，创新生产工具和生产工艺，使自己生产商品的个别劳动时间低于社会必要劳动时间，从而相比于其他企业取得竞争优势，获得超额剩余价值。但单个企业获得超额剩余价值只是暂时现象，其他企业竞相向其学习，从而在部门内部普及先进的技术和管理方式，使生产商品的社会必要劳动时间减少，用于补偿劳动力价值的必要劳动时间减少，而剩余劳动时间相对延长。剩余劳动时间的相对延长“给所有的人腾出了时间和创造了手段，个人会在艺术、科学等等方面得到发展”[①]。

---

① 《马克思恩格斯全集》第31卷，人民出版社1998年版，第101页。

资本的使命之三是推动社会主义从初级阶段向更高阶段迈进。资本是生产力发展的产物并可推动生产力进一步发展，直到最后成为生产力发展的桎梏而消亡，从而被新的更适合生产力状况的生产关系所取代。1978年党的十一届三中全会召开之后，我国致力于改革过分集中的计划经济体制，建设社会主义市场经济体制。随着我国社会主义市场经济体制的发展和完善，一度消失的资本在我国重新出现并发展了起来，最早出现的资本形式是国外资本。改革开放之初，为了获得紧缺的资金和技术，快速缩小与发达国家之间的差距，我国打开国门，招商引资，引进外资企业，发展合资企业，外资企业和合资企业中的外资显然遵循的是资本逻辑。伴随国门的打开，我国对外开放、对内搞活，允许一部分人先富起来。国内私人生产经营者把握机遇，不断发展壮大，打开了私有资本发展的大门。私营企业、合资企业和外资企业的蓬勃发展倒逼国有企业的改革，我国适时地将国有企业和集体企业推向市场，先后进行了承包制、股份制、现代企业制度和国有资产管理等一系列改革，把公有制与市场经济相结合，发展了公有资本的形式。目前，我国的资本根据所有制性质不同分为两种形式：以生产资料私有制为基础的私有资本，包括国内私有资本和国外资本；以生产资料公有制为基础的公有资本，包括国有资本和集体资本。在此基础之上，混合所有制经济的发展吸引了越来越多的社会资金，发展出公私混合的资本。马克思在《资本论》第一卷第一版序言中指出：“一个社会即使探索到了本身运动的自然规律……它还是既不能跳过也不能用法令取消自然的发展阶段。但是它能缩短和减轻分娩的痛苦。”[①]事实证明，中国特色社会主义要充分发挥制度优势来驾驭资本，“缩短和减轻分娩的痛苦”，推动社会主义从初级阶段向更高阶段迈进。

二、社会主义市场经济条件下资本的积极作用

资本作为具有历史性的客观存在，在社会主义市场经济条件下依然是推动生产力发展的重要因素，以公有制为基础的社会主义市场经济体制，能够释放出资本的积极作用。作为市场经济中社会生产赖以进行的条件，资本也是配置社会资源的经济运作方式，价值规律是其无法避开的运行规则，资本要素由于内在的增殖逻辑而持续扩张。在社会主义市场经济条件下，社会主义市场经济体制强调在社会主义公有制的基础上协调各种生产要素，以克服资本与劳动的分离，这既与西方资本主义经济体制具有根本区别，又与苏联计划经济体制存在显著差异。也就是说，那种拥有资本而又脱离劳动的蚕食者——资本家是不存在的，社会只承认以不同生产要素进行分配的劳动者，“我们需要的是资本，而不是资本家”[②]。在社会主义市场经济条件下，资本的功能表现在三个方面：其一，无论面对何种社会生产条件，资本最直

① 《马克思恩格斯全集》第23卷，人民出版社1972年版，第11页。

② 《马克思恩格斯全集》第30卷，人民出版社1995年版，第262页。

接的存在方式就是组织各种生产要素，而推动社会生产力发展必然是这一过程的客观结果。随处可见和无所不能的“购买”，是资本穿梭于社会生产过程的有力手段。其二，作为组织社会生产的中介，资本最大的功绩乃是促进科学与技术的聚合。聚合后的科学技术能更快地转化为生产力，并且这表现为一个双向传递过程，科学技术的迅速发展并被持续应用于社会生产力，反过来更有效地服务于资本扩大化。由此，现代社会的生产也是将物质生产过程变成科学在生产中的应用。得益于此，现代社会生产才能突破各种自然限制，真正实现人类物质生产方式的变革，并呈现出资本推动生产力向前发展的历史趋势。其三，在全球经济大循环中，资本的竞争客观上促进了生产力的发展。着眼于发展社会生产力这一根本任务，盲目拒斥资本对社会主义的本质而言毫无益处；而有效地利用资本也绝非意味着任由资本的增殖逻辑发展。改革开放以来，我国的资本市场日臻完善，并逐渐与国际资本市场接轨。我们在进行商品输出与生产输出的同时，资本输出也成为我国融入世界经济的重要推手。党的十八届三中全会在全面深化改革的总目标下，高度重视生产力的非实体性要素对社会发展的贡献，指出“让一切劳动、知识、技术、管理、资本的活力竞相迸发，让一切创造社会财富的源泉充分涌流”。总之，纵观当今社会的生产要素配置状况，在科学技术受到普遍重视的背景下，资本要素所占权重也不断提高，使资本成为现代社会生产力发展的必然存在样态。在我们以市场作为经济运行的基本环境，旨在发展社会生产力的过程中，资本在悄然扩张自己的存在空间。[①]

作为生产组织形式的资本，在现代社会大大拓展了自身存在的领地。在社会生产活动中，为保证生产的连续性与循环性，有效组织各种生产要素就成为基本前提，其中最重要的内容就是获得物质形态的生产资料。这些生产资料尽管没有直接表现为货币形式，但它们也进入生产的“成本—收益”计算中，因而也被视为资本。当然，这些要素并非与生俱来就具有资本的本性，只有当它们都构成组织社会生产的手段才成为资本。资本要素的扩张，将科学技术和包括劳动者在内的其他生产要素都吸纳进来。在马克思看来，雇佣劳动作为资本的购买结果，通过劳动与生产资料的结合，使得生产资本以物的形式表现出来。在生产过程中，资本不断改头换面，它不仅仅指涉具体的实物资本，就连金融资本、农业资本、商业资本、数字资本等都成为资本的表现形式。资本之所以会在生产要素中膨胀扩张，主要在于各生产要素在生产力发展中的不可或缺，除此还需要资本去连接彼此的生产功能。也就是说，人们想要满足资本追逐利润的欲望，首先是积累资本的物质形态，然后以此吸纳劳动力进行生产。可见，资本可以体现为其他生产要素的这个特点，使它从一般生产要素中游离出来而具有普遍性。对此，在《1857—1858年经济学手稿》中，马克思曾以“资本一般”概念对此加以表达，即“每一种资

① 参见卢德友、兰奎：《试论社会主义历史条件下资本要素的双重性》，《湖北大学学报（哲学社会科学版）》2017年第4期。

本作为资本所共有的规定，或者说是使每个一定的价值额成为资本的那种规定”[①]。

作为货币形式的资本，打破横亘在各生产要素之间的壁垒。在传统的社会生产模式下，拥有劳动力与简单生产资料就可以构成生产的前提，由于不存在多少壁垒，各生产要素也显得易于组织协调。相比之下，在资本主义经济所开辟的世界历史时代，资本成为一切事物的存在尺度，任何事物都要通过资本的抽象来证明自身存在，也需要通过资本的中介来估量自身的价值，即除了生产资料与劳动力之外，品牌、经验、管理、策划等资源都要被纳入生产。也就是说，社会化大生产要被组织起来，离不开各生产要素的有效集中与合理配置。然而，有的生产要素是可转让的，有的则不可转让。对于那些不可转让的生产要素，则需要资本出场加以解决。譬如，劳动者所拥有的聪明才智与创新成果，作为劳动者内在的资源禀赋原本不可转让，但这种参与生产活动的要素却可以通过资本实现转让甚至买卖。可见，以货币形式存在的资本，可以轻易破除各生产要素之间的壁垒，通过雇佣关系将劳动者及其资源禀赋投入生产。因此，资本通过发挥一种沟通作用，将那些不可转让的生产要素汇聚起来。只是在这种情况下，人的自由劳动完全被资本所购买，劳动的真正主体就不再是工人，而是支配工人劳动的资本。由于工人及其劳动都被纳入资

① 《马克思恩格斯全集》第30卷，人民出版社1995年版，第440页。

本的框架，因而劳动过程也就进入资本自我复制和增殖的轨道，这对于推动生产力的社会劳动而言也概莫能外。所以，马克思将之称为“资本生产力”。这在人力资源成本较高的现代生产体系中，劳动力本身也形成市场的情况下依然明显。

作为观念形式的资本，以拜物教的方式畅行社会生活，深深地影响着人们的思想观念。在资本主义社会，资本（货币）成为人们在社会中畅通无阻的最好凭证，资本不仅构成工人阶级的外在强制力，而且也成为资本家灵魂的操纵者。工人阶级迫不得已出卖劳动力，只为获取资本以解决基本的生活所需；资本家不知疲倦地为之四处奔走，更是渴望换取资本的巨大回报。正是资本追求利益最大化的内在冲动，无形中驱使着每个生产者为之精心筹划、仔细盘算。从这个意义上说，资本家也依然无法摆脱奴隶的行列，物质的丰裕并未换来真正的自由。然而，对于资本家而言，资本无疑具有付出与回报的忠诚良心，因为资本能带给他们“不可抗拒的购买的权力”①。作为货币形态的资本被资本家奉为神明，就连那些无法被金钱衡量的信仰、道德、忠诚等，都被放置在金钱的天平上仔细掂量，甚至连温暖的家庭亲情，都难免沦为“纯粹的金钱关系”②。在社会主义市场经济条件下，资本也是能“结果实的东西”，利润是它足以让人们为之筹划的最好理由。同时，我们要在短时期内快速发展社会生产力的历史任务，要求一

---

① 《马克思恩格斯全集》第3卷，人民出版社2002年版，第239页。

② 《马克思恩格斯选集》第1卷，人民出版社1995年版，第275页。

定时期内的生产、劳务、智力等暂时以资本的形式体现出来，客观上引起人们对于资本的过度追求，如政治生活中的权钱交易、经济生活中的唯利是图、日常生活中的拜金主义等现象，都在一定范围内存在。

三、社会主义市场经济条件下资本的消极作用

资本虽然能发挥强大的历史功能，成为发展生产力的重要因素，但我们不能就此认定它在现代社会无所不能。资本和资本扩张如若不受控制，放任其游离在社会条件与生产方式之外，其消极作用就必然会放大甚至失控。

一是资本的逐利本性造成地区发展的自生动力和调节能力的破坏，加剧城乡发展模式固化。我国社会主义市场经济体制建立在地区基础和发展状况都相差极大的条件下，地区之间交互性低、协同性低，很多地方停留在旧有的自然产生的发展模式中。在这种情况下，资本的介入有助于在不同地区间建立商品联系，并以较快增速促进当地经济起步。而资本的逐利本性决定了这种经济联系的建立，是以低成本，尤其是低成本劳动力和便利的物资使用为前提条件，由此不同地区在不同程度上被纳入商品经济活动之中。因此，造成原有的地区经济生态被迫改变，并服务于更为庞大复杂的资本活动。

在资本这种“普照的光”的影响之下，地区发展在一定程

度上丧失了自身能动性，具有很强的依附性质。而这种情况使得地区自身的自我调节度下降，一旦资本转移或撤出，就会对当地社会环境、经济环境、自然环境等各方面的自我恢复和自我调节提出较大挑战。同时，资本活动为了自身逐利，而牺牲了地区间协调发展的可持续性和长远性，造成城乡差距进一步拉大。城市拥有越来越多的资本聚集，乡镇则在发展伊始便被设置了隐性天花板，包括劳动力和资源所在产业链的环节及其利润上限等。由此，资源在地域、城乡之间便难以以最优配置进行，造成城乡的发展模式相对固定，如果不能及时加以调控，则会造成更深远的负面影响。

二是资本的投机性影响行业标准的制定，并对我国在国际竞争中的地位产生诸多不确定影响。社会主义市场经济的行业标准，兼顾长远利益与短期条件，统筹经济效用与环境效益。在资本强势影响下，势必影响行业标准的制定，特别是国外资本和私人资本对新兴行业的进驻。新兴行业往往发展前景不确定，对国民经济的影响方式和程度也不确定，并有较高风险性，在这种情况下，行业发展基本游离于现有行业标准之外，由此形成宏观调控与资本投机之间的博弈。尤其对于很多国外资本来说，国内行业标准和准入机制的不成熟为其攫取利润提供了可乘之机。

这样，一方面，在资本合作过程中，国内行业面对着制度制定过程中资本渗透的压力；另一方面，国外资本的高度投机性决定了国内行业发展的高风险性和不稳定性。因此很多行业在一开始就受制于外国资本和国外发展条件，没有利润优势，更没有话语权。那么，这些行业在起步之时便先天不足，后期发展空间受限，从长远来看，失去了与国外同行竞争的平等资格。在国内范围内，此类行业看似可以带来较多收益和较快的产值效益，但是在国际范围内，却已经失去了能够发展到国际领先水平的核心条件，以及行业发展的国际主动权与话语权。由于国外资本在输出时不会输出核心信息与技术，因此在行业国际化发展中保留了先发优势与后期储备，对国内则形成技术压制，并影响相关一系列的行业状况。尤其近年来，在高新技术产业、勘测行业、军工等产业中，国际环境变数增加，国外资本不断制造贸易壁垒和贸易摩擦，其本质是利用行业标准霸权不断攫取剩余价值与超额利润。这就带来国际局势中诸多变动因素，通过各种投机行为不断将其他国家置于被动和弱势的地位。

三是资本的无序扩张引起自然资源的浪费与自然环境的破坏。资本活动是跨行业、跨地域的，其背后的资本逻辑始终以经济原则为首要原则，对自然资源的合理开发则是要兼顾经济原则与人民立场，这是与资本逻辑背道而驰的。在资本逻辑中，自然资源与自然环境只是作为生产要素纳入成本，是人生存的基本条件，而不是生命共同体。资本无限逐利的本性，决定了其在市场中通过各种竞争手段抢占高利润资源，其中尤其重要的一项就是自然资源。在资本视域中，自然资源始终被量化为一种经济资产，而极大地低估甚至忽视其作为人类生存本质条件的无法量化的存在价值。这使得资本积累、竞争和扩张的整个过程都表现为一种反生态的特性。

在各大国进行资本积累的过程中，可以看到在其早期都经过了“雾都时期”。随后在资本扩张过程中，空气污染、水域污染、土地污染一直伴随着资本活动，成为资本扩张的必然产物。资本自身的经济利益至上原则的确能够极大促进行业扩张、产业升级，推动科学发展和技术进步，但有目共睹的是，资本所谓的“进步”与“升级”，非但没有带来生存条件与经济增长相匹配的优化，反而造成污染和破坏的加重。

一方面，表现在遭受破坏的自然环境范围不断扩大。最初的破坏涉及较为常见的领域，如水、土、空气、林木等。随着资本扩张范围的扩大，污染范围从集中的地域扩展到全球，不同国家之间的污染在一定程度上相互影响。例如，大气污染随季节变化由一国向邻国扩散，海域污染随潮汐变化扩大至更大范围。同时，污染范围从全球常见范围扩展到更多人类新探索的空间中，最为明显的是深海与太空。个别海域底层由于早期垃圾处理不当已经受到污染侵蚀，太空也成为人类垃圾排放的空间之一，这些现象都潜藏着对人类生存环境极深远的负面影响。

另一方面，近年来特别引起关注的是，自然环境的破坏不仅出现范围上的扩张趋势，而且出现破坏层次上的加深趋势。集中表现在自然承载和自愈力下降所导致的各种传染性病毒的产生。从埃博拉到新型冠状病毒，让我们更直观地感受到人与自然的一体性。自然是人类生存活动的内在构成部分，对于人类生命质量与生存活动的存续具有直接影响。这意味着每一项作用在自然之中的人类活动，同时也都作用在人类自身上，并不存在脱离人的生命活动的经济活动、资本活动。而如果自然仅仅被量化为作为成本的生产资料，那么就意味着人将自身一部分活生生的生命体作为代价来交换经济增量。这就形成资本扩张过程中的人类存在论困境，也是资本内在逐利本性所决定的发展悖论。

四是资本渗透在意识形态领域中，以更隐蔽的形式施加影响。由于资本活动不断追求超额利润，最终是要成为控制人的生存方式的“无形之手”。资本从不满足于仅仅以劳动制度来规定劳动方式，在制度之上，资本不断改名换姓，以不同的理论和说辞渗透人的精神世界。资本对人的精神世界的渗透和控制，本质上服务于其对人的剥削需要。在早期，资本利用强权政治榨取剩余价值，发展出一系列国家理论和资本主义政治哲学。随着生产方式的多样化，资本榨取剩余价值和追求超额利润的手段更加隐蔽，随之而产生的是更具有迷惑性的生存论。资本主义生存论将人作为手段与工具的被迫劳动描绘为人为了最终理想而作出奉献的高尚行动，广泛使用“自由”“平等”等说辞而对劳动者实际情形避而不谈。实际情况是劳动者只有选择在哪些行业、地域和时间被剥削的自由，而没有选择不被剥削的自由。

伴随着资本输出和全球化活动，在不同体制的国家和地区遭遇输出阻力时，资本无疑会同时地加强其意识形态的输出活动。

这些活动包括：将资本活动描绘为具有“普世价值”的行为、将自身生产制度的输出活动包装为优化他国产业升级的必经路径、攻讦他国生产方式、抹黑他国国民生存状态等。此外，对于不同国家和民族的文化，资本也通过各种方式进行歪曲、篡改和打压，从精神层面瓦解其他文化的自信心、自信力，不断为输出本国意识形态而扫除障碍。在新媒体不断涌现的今天，资本活动的意识形态输出更是渗透在人们生活的各个环节，小到手机应用中的广告语，大到文化活动、文化平台的舆论导向，无不充斥着侵蚀人们思想的言论。这不仅是对他国民族性、文化根基、文明体系的不尊重，更是对人类文明多样性的侵害。当人完全沦为资本逐利的工具，那么自然资源的开发、人类生存范围的扩大、经济增长、产业升级等一系列本可以为人类发展和共同繁荣所贡献的一切，也就失去了本来的意义，与人类生存福祉与长远发展的根本利益背道而驰。

第七章
社会主义市场经济条件下资本的现状和相互关系

资本不是资本主义的特有范畴，而是市场经济的共有范畴。在市场经济条件下，任何物一旦作为生产资料，就具有了资本属性。因此，在社会主义市场经济条件下，资本有公有资本与非公有资本之分。随着社会主义初级阶段理论的提出、中国特色社会主义经济理论的开辟，我国开始由计划经济向市场经济转轨，国有企业改革启动，民营经济发展起步。在国有企业改革和民营经济发展过程中，公有资本与非公有资本在产业分布上呈现出垂直结构，这一结构对公有资本与非公有资本的相互关系、区域分布规律、行业分布规律、科技创新差别、社会责任区别等方面产生了重要影响。总的来说，在资本关系上，公有资本与非公有资本之间是协同竞争关系，而非对立竞争关系。与之相对应，在资本规模上，改革开放以来不同所有制资本的规模共同增长，不存在“国进民退”或“国退民进”的问题。在行业分布上，公有资本主要分布在第二产业中的中上游行业和公益性行业，在第三产业中主要分布在银行、保险等金融业；非公有资本主要分布在第三产业，其在第二产业中集聚在中下游行业。在区域分布上，与国有企业改革和对外开放相联系，从整体上看，从北向南、由西到东，公有资本占比逐步降低，非公有资本比例逐步提高。在科技创新上，公有资本是国家战略科技力量的重要支撑和原始创新能力的建设主体；非公有资本科技创新能力不断增加，极大促进了我国科技的高水平发展。在社会责任上，公有资本是壮大国家综合实力、保障人民共同利益的重要力量；非公有资本积极承担社会责任，对中国经济社会贡献日益提高。

一、不同所有制资本的产业分布：错位生长

20世纪80年代，随着计划经济体制向有计划的商品经济转轨，我国对国有企业实行了放权让利、承包制、利改税、试点股份制等一系列改革，政策上开始允许在一定范围内发展个体经济、私营经济和吸引外资，逐渐出现以公有制经济为主体、非公有制经济为补充的所有制结构。[①]1992年党的十四大提出经济体制改革的目标模式是建立社会主义市场经济体制，要“鼓励有条件的企业联合、兼并，合理组建企业集团。国有小型企业，有些可以出租或出售给集体或个人经营”。1995年党的十四届五中全会正式确立“抓大放小”的改革战略，提出对国有企业实施战略性

① 参见谢富胜、王松：《在协同竞争中推动公有制经济与非公有制经济共同发展》，《教学与研究》2020年第12期。

改组，“要求搞好大的，放活小的……重点抓好一批大型企业和企业集团……采取改组、联合、兼并、股份合作制、租赁、承包经营和出售等形式，加快国有小企业改革改组步伐”。这使得国有资本逐渐从直接面向消费者的制造业（比如服装业、家电产业等）与消费型服务业（如酒店、餐饮、娱乐等）这些下游产业中退出，而在能源、金融、电信等生产中间产品和中间服务的这些关键的上游产业中依然处于主导甚至垄断的地位，从而在2000年左右基本形成了公有资本主导上游、非公有资本主导下游的垂直产业结构。①公有资本与非公有资本在产业分布上的垂直结构依然是新发展阶段我国资本现状最鲜明、最重要的特征，也是理解我国不同所有制资本间的相互关系、区域分布规律、行业分布规律、科技创新差别、社会责任区别等方面情况的一把钥匙。刘鹤对此指出，“必须看到，我国国有企业和民营企业已经形成了完整的产业链。国有企业多处于产业链上游，在基础产业和重型制造业等领域发挥作用，民营企业越来越多地提供制造业产品特别是最终消费品，两者是高度互补、互相合作、互相支持的关系，未来中国经济将沿着这个方向不断提高，走向高质量发展。我们必须从传统固化的观念，转向用全新的现代化产业链理念来认识国有和民营经济。”②

① 参见王勇：《“垂直结构”下的国有企业改革》，《国际经济评论》2017年第5期。

② 《中共中央政治局委员、国务院副总理刘鹤就当前经济金融热点问题接受采访》，《人民日报》2018年10月19日。

二、不同所有制资本间的关系：协同竞争

公有资本与非公有资本在产业分布上的垂直结构使得国有企业与民营企业形成高度互补的社会分工，上游国有企业为下游产业提供生产资料，下游民营企业对上游产业产生引致需求。通过产业链的纵向关联，上下游各类所有制企业形成协同竞争的互动关系。[①]一方面，国有企业通过战略性重组和布局优化，对基础部门、战略部门加大投资，为民营企业经营创造了基本生产条件。交通基础设施、水电气公用事业、国防军工等具有自然垄断属性的公共品部门投资规模较大、利润率较低，民营企业一般不愿或很少进入，因而主要由国有企业承担，因此国有企业奠定了高效、廉价、稳定的上游产业供应链和下游交通运输条件。以2020年我国抗击新冠肺炎疫情期间口罩产业链为例，中石油、中石化作为最上游的高熔指聚丙烯无纺布、熔喷布等原材料的供应者快速扩产，国机集团、中国航空、中国兵器等迅速增产或转产压条机、口罩机等机器设备，保证了各类中间品供销渠道及其价格的稳定，产业链下游的振德医疗、稳健医疗、舒朗服装、比亚迪汽车等众多非公有制企业的口罩生产线得以高效运转和快速新建，产量大幅提高。到2020年2月底，全国口罩日产量已达1.16亿只。[②]另一

---

① 参见谢富胜、王松：《在协同竞争中推动公有制经济与非公有制经济共同发展》，《教学与研究》2020年第12期。

② 《口罩背后：一个世界上最完整的产业链供应链》，新华网，http：//www.xinhuanet.com/politics/2020-03/16/c_1125720455.htm.

方面，处于下游产业的民营企业等非公有资本直接面向最终消费市场，民营企业的蓬勃发展通过产业关联效应，拉动了以国有企业为主要构成的上游公有资本的发展。基于垂直分布格局的各类所有制企业通过分工与协作形成上下游联动的协同效应，协同效应产生的巨大生产能力与强劲的国内外需求之间产生良性互动，促进上下游产业形成正向循环，使各类所有制企业都获得共同发展。①

三、不同所有制资本的规模：共同增长

不同所有制经济共同发展是我国改革开放以来一经提出就不断完善、加强落实的政策方针。党的十二大在提出建设有中国特色的社会主义道路时，就提出“由于我国生产力发展水平总的说来还比较低，又很不平衡，在很长时期内需要多种经济形式的同时并存”。党的十三大对这一理念作了新发展，提出“以公有制为主体发展多种所有制经济，以至允许私营经济的存在和发展，都是由社会主义初级阶段生产力的实际状况所决定的”。党的十五大把“公有制为主体、多种所有制经济共同发展”确立为我国的基本经济制度，明确提出“非公有制经济是我国社会主义市场经济的重要组成部分”。党的十六大强调“两个毫不动摇”的

① 参见谢富胜、王松：《在协同竞争中推动公有制经济与非公有制经济共同发展》，《教学与研究》2020年第12期。

思想，即必须毫不动摇地巩固和发展公有制经济；必须毫不动摇地鼓励、支持和引导非公有制经济发展。党的十九大把“两个毫不动摇”写入新时代坚持和发展中国特色社会主义的基本方略，作为党和国家一项大政方针进一步确定下来。在这一政策方针的支持下，不同所有制资本的规模共同增长。

公有资本的规模不断扩张。广义的公有资本按要素形式划分主要包括：国有化的土地、公有化的资本一般、非土地类的公有资产。[①]中国社会科学院财政税收研究中心“中国政府资产负债表”项目组对“中国政府资产”的界定和统计能够帮助我们从这一角度粗略地考察公有资本的存量。中国政府资产包括三大类：第一类是服务性资产，第二类是财力性资产，第三类是其他政府资产。根据《中国会计年鉴2019》数据测算，如表1所示，截至2017年末，服务性资产的总额为495855.22亿元，与2010年相比增长了207%；财力性资产合计为1230967.47亿元，与2010年相比增长了36.6%。[②]公有资本按实现形式划分包括国有资本、集体资本以及混合所有制经济中公有成分的资本。从我国国有资本的发展状况来看，2019年国有资本所有者权益总额为691681.2亿元，在10年间增长了约3.5倍；国有资本经营决算收入总额为3971.82亿元，在不到10年的时间增长了一倍多。中央企业上市

① 参见周丹：《社会主义市场经济条件下的资本价值》，《中国社会科学》2021年第4期。

② 参见中国社会科学院财政税收研究中心“中国政府资产负债表”项目组：《中国政府资产负债表2019》，《财经智库》2019年第5期。

表1　中国政府资产规模（2010—2017年）

服务性资产（亿元）								
	2010年	2011年	2012年	2013年	2014年	2015年	2016年	2017年
金融资产	100003.86	144138.40	168074.70	202667.49	236935.01	260512.31	290552.54	326281.10
固定资产	59228.99	65602.73	72662.36	76628.77	84057.16	91942.78	100200.88	109785.32
存货及相关资产	1566.14	1783.55	2031.15	3708.45	4124.85	5096.71	5907.08	6181.81
无形资产	513.08	712.74	990.10	992.0	1912.80	2321.87	2956.59	3654.65
在建工程	191.42	219.49	306.21	17085.31	31429.22	38653.93	44741.45	49952.34
合计	161503.49	212456.91	244064.52	301082.02	358459.04	398527.60	444358.54	495855.22
财力性资产（亿元）								
	2010年	2011年	2012年	2013年	2014年	2015年	2016年	2017年
国有经济	222312.64	256158.13	302266.60	344783.02	400512.67	457651.49	502165.12	600456.43
资源型资产	678583.87	386514.41	472448.54	489884.80	308341.78	397420.25	433177.12	630511.04
合计	900896.51	642672.54	774715.14	834667.82	708854.45	855071.74	935342.24	1230967.47

公司394家，地方国企上市公司757家，国有上市公司数量占整个上市公司总数的28%。从我国集体资本的发展情况来看，我国已经有224.1万家农民合作社、1.3万多家农民联合社。另外，2019年全国村集体经营收益超过5万元的村占到48.2%，集体成员累计分红超过3800亿元，是2016年的3.6倍。[①]

非公有资本的规模持续增长。非公有资本按存在形式划分包括民营经济、外资经济以及混合所有制经济中的民营成分和外资成分。改革开放40多年来，我国民营经济从小到大、从弱到强，不断发展壮大。从数量上看，2020年私营控股工业企业单位数为286430个，相比1998年增长了25.8倍；资产总计345022.8亿元，相比1998年增长了231倍；营业收入413564亿元，相比1998年增长了223倍；利润总额23800.5亿元，相比1998年增长了352.6倍；平均用工人数3574.4万人，相比1998年增长了21.2倍。[②]从质量上看，在世界500强企业中，我国民营企业由2010年的1家增加到2020年的28家。外资经济也随着中国对外开放的不断深入而快速发展。2020年外商投资和港澳台商投资工业企业单位数为43026个，相比1998年增长了62.7%；资产总计248426.9亿元，相比1998年增长了10.6倍；营业收入243188.6亿元，相比1998年增长了14.6倍；利润总额18167.4亿元，相比1998年增长

① 参见王宏波、曹睿：《公有资本范畴的生成逻辑、实践成就与时代价值》，《西安交通大学学报（社会科学版）》2021年第4期。

② 参见国家统计局官网，http：//www.stats.gov.cn/tjsj/ndsj/2021/indexch.htm.

了42.4倍；平均用工人数1672万人，相比1998年增长了2.2倍。

改革开放40多年来，不同所有制资本的规模共同增长，多种所有制经济共同发展。习近平总书记在2018年民营企业座谈会上的讲话中指出："任何否定、怀疑、动摇我国基本经济制度的言行都不符合党和国家方针政策，都不要听、不要信！所有民营企业和民营企业家完全可以吃下定心丸、安心谋发展！"①

四、不同所有制资本的分布：各有侧重

公有资本与非公有资本在产业分布上的垂直结构，直接塑造了两者在行业和地区分布的特点。

资本的行业分布特点。公有资本在第二产业中主要分布在中上游行业和公益性行业。第二产业中的中上游行业，一方面涉及我国国计民生以及国家安全发展，另一方面这些行业投资周期长、回报周期慢、准入门槛高，因此公有资本较为集中。公有资本聚集的公益性行业包括医疗、电力、通信、粮油、铁路等。公有资本在第三产业中主要集中在银行业、保险业等金融行业。总的来说，公有资本的行业分布能够体现出它在社会总资本中占据主导地位的事实。就非公有资本而言，它在第三产业中占比最大；具体到第二产业，主要集聚在中下游行业。民营企业实有户

① 《毫不动摇鼓励支持引导非公有制经济发展　支持民营企业发展并走向更加广阔舞台》,《人民日报》2018年11月2日。

数在第一、二、三产业企业总数中的比重分别为2.62%、10.99%、86.39%。[①]此外，随着国有企业改革的深入、开放准入领域的扩大，一些非公有资本也积极介入石油、电力等传统公有资本垄断的行业，逐渐发挥更大作用，充分发挥生产要素以及竞争优势的积极作用。另外需要指出的是，在一些公益性行业中公有资本存在缺位等现象，引起了系列民生问题，需要国家积极引导公有资本进入，以确保房子“是用来住的、不是用来炒”的民生属性。以住房为例，私营房地产开发企业数量从2000年的17170个增加到2020年的101902个，占房地产开发企业的总数比重也由62.9%上升到98.7%。公有制企业的数量急剧下降，2000年为10133个，占比37.1%，而2020年公有制开发企业仅剩下1360个，占比下降到1.3%。从总体来看，公有制房地产企业占比已经微乎其微，对市场的控制能力基本丧失。[②]

资本的区域分布特点。民营经济的发展是随着国有企业改革而进行的，总体上看，当前国有经济在北部，尤其是东北地区占比较高，民营经济在南部地区占比较高。此外，民营经济的发展以及外资的进入与我国对外开放政策高度相关，因此总体上民营经济和外资企业在东部沿海较为集中，与之相对应，公有资本尤其是国有经济在内陆和西部占比相对较大。

---

① 参见王海兵、杨蕙馨：《中国民营经济改革与发展40年：回顾与展望》，《经济与管理研究》2018年第4期。

② 根据历年《中国统计年鉴》相关数据计算而得。

五、不同所有制资本的科技创新：各有所长

改革开放以来，公有资本和非公有资本的科技水平不断提升、创新力度不断增强。由于公有资本与非公有资本在产业链上呈垂直结构，公有资本在产业基础领域集中，非公有资本在面向消费者的产业中下游集中，因此公有资本承担着基础理论、前沿技术、战略性产业的创新任务，在科技创新中的关键性、重大性和战略性作用凸显；非公有资本则承担着商品多样化、产业多层化、业态多元化的创新任务，具有创新成果多、创新动态化及时化等特点。

公有资本是国家战略科技力量的重要支撑和原始创新能力的建设主体。其一，公有资本是基础理论、前沿技术创新的主体。人工智能、量子信息、集成电路、生命健康、脑科学、生物育种、航天科技、深地深海等科学基础、前沿技术领域，投资需求大、回报周期长，国有企业是这些领域创新的主体力量。其二，公有资本围绕国家重大科技项目、国家重大工程进行研发创新。与非公有资本有强烈的利润驱动不同，公有资本的科技创新是国家意志的重要体现。党的十八大以来，中央企业在新一代信息技术、生物技术、新能源、新材料、高端装备、新能源汽车、绿色环保以及航天航空、海洋装备等战略性产业、重点发展产业进行布局，承担了大量国家重大研发任务，C919大型飞机、港珠澳大桥、复兴号高铁、蛟龙号潜水器、天宫二号空间实验室、新一代

高铁技术、第四代先进核能技术、风云卫星、北斗导航系统、天河二号超级计算机等重大创新成果成绩骄人，振奋民心。其三，公有资本主要围绕价值链中高端开展技术创新工作。公有资本大多处于产业链中上游、价值链的中高端，是摆脱西方某些大国利用产业链关键技术“卡脖子”的中坚力量，聚焦于突破重点技术，攻克难点技术，发展热点技术，实现产业多元化、高端化、绿色化、智能化需要。截至2016年，在建立的146个产业技术创新战略联盟中，中央企业牵头或参与组建的占80%；80个国家重点实验室建在中央企业，占总数的近50%。在2016年度国家科学技术奖励中，40家中央企业获得79个奖项，占获奖项目总数的1/3。[①] 此外，公有资本还是促进技术转化应用的重要力量，发挥了技术扩散和示范带动作用。[②]

非公有资本科技创新能力不断增加，极大促进了我国科技的高水平发展。其一，非公有资本直接面向消费者，因此具有创新成果丰富多样的特点。以2020年全国规模以上工业企业为例，从研究与试验（R&D）人员数量上看，私营企业人数为152.30万，外资企业为67.03万，占比分别为44%和19.37%；从R&D经费上看，私营企业为5646.99亿元，外资企业为2998.61亿元，占比分别为36.98%和19.64%；从R&D项目数上看，私

① 《科技部　国资委召开中央企业科技创新推进会》，中国政府网，http：//www.gov.cn/xinwen/2017- 09/16/content_5225487.htm.

② 《国资委发布〈中央企业科技创新成果推荐目录（2020年版）〉》，中国政府网，http：//www.gov.cn/xinwen/2021–05/30/content_5613962.htm.

营企业为40.39万项，外资企业为9.78万项，占比分别为56.52%和13.69%；从专利申请数上看，私营企业为60.34万件，外资企业为16.62万件，占比分别为48.51%和13.36%。[①]其二，非公有资本处于产业链中下游，易于利用新技术打造新产业、新业态，在产业创新中捷足先登。以近年来不断涌现的新兴产业为例，如网络打车、共享单车、分类信息网站、外卖送餐等新业态中很少有国有企业的身影，典型企业如滴滴、摩拜、58同城、美团等多为民营企业。[②]需要指出的是，由于数字平台模式的利润索取机制是数字圈地和赢者通吃，因此部分非公有资本有通过纵向一体化和横向加强策略扩张平台规模谋取垄断地位的冲动，就需要国家对平台经济进行反垄断，以维护良好发展的市场环境。[③]

六、不同所有制资本的社会责任：和而不同

公有制为主体、多种所有制经济共同发展是中国特色社会主义基本经济制度内容之一。公有制经济是中国共产党执政的经济基础，作为其实现形式的公有资本是贯彻党和国家方针政策的重

① 以上数据根据《中国统计年鉴2021》计算而得。

② 参见王海兵、杨蕙馨：《中国民营经济改革与发展40年：回顾与展望》，《经济与管理研究》2018年第4期。

③ 2020年1月，国家市场监督管理总局公布了《反垄断法》修订草案，新增了平台经济反垄断的多项条款，重点考虑了互联网平台经营者市场支配地位对市场竞争秩序的影响。

要抓手。非公有制经济是中国特色社会主义市场经济的重要组成部分，作为其实现形式的非公有资本在经济社会领域也发挥着不可或缺的重要作用，承担着光荣的历史使命。

公有资本是贯彻执行党中央决策部署的生力军，是壮大综合国力、促进经济社会发展、保障和改善民生的重要力量。其一，国有经济是国家经济的基石。“十三五”时期，全国国资系统监管企业实现劳动生产总值60.4万亿元，约占同期全国GDP的1/8；截至2020年底，国有资产总额234.7万亿元，年均增速14.4%；2020年实现营业收入60.4万亿元、利润总额3.6万亿元，年均增速分别达7.8%、11.3%。[①]其二，国有企业特别是中央企业有力维护了我国国防、能源资源、粮食和重要基础设施安全，推动国家区域重大战略和区域协调发展战略深入实施，服务社会保障民生重要作用充分彰显，在脱贫攻坚战、疫情防控中发挥重要作用。例如，在脱贫攻坚战中，国资央企定点帮扶了248个国家扶贫开发工作重点县，承担了1.2万个各类扶贫点任务；大力开展通信扶贫，累计投入超过2000亿元，使贫困村通光纤、通4G均超过98%；累计在贫困地区投入医疗帮扶资金22亿元，援建（捐建）医院、乡村卫生所2600多所；累计援建产业扶贫项目5万多个，扶持乡村龙头企业和农村合作社1.2万个，引进扶贫企业2400多家，带动投资200多亿元；累计投入教育帮扶资金54亿元，援建

① 参见国务院国资委党委：《坚定不移做强做优做大国有企业——党的十八大以来国有企业改革发展的理论与实践》，《求是》2017年第12期。

学校2400多所，资助贫困学生110多万名。[①]其三，国有企业在经济运行的周期性变化中发挥了稳定器作用。[②]从整体层面来看，处于上游基础部门、战略部门的国有企业塑造了经济运行发展的基本环境，是国民经济的支柱力量。在经济周期变化中，国有企业能够保证逆周期调节政策的有效落实，对民营企业形成辐射和带动，发挥了宏观经济的“稳定器”“压舱石”作用。

非公有资本积极承担社会责任，对中国经济社会贡献日益提高。其一，民营企业规模持续扩大，成为中国经济微观基础主体。截至2018年底，私营企业已达3474.2万户、个体工商户已达7328.6万户，占据市场主体比重的95%以上。[③]与之相适应，民营经济在税收份额、技术创新成果贡献、带动城镇劳动就业等方面也作出了巨大贡献。[④]其二，民营经济对我国社会主义市场经济发展、政府职能转变、农村富余劳动力转移、国际市场开拓等也发挥了重要作用。特别是民营企业大力推动了我国传统技术、传统产品、传统经营方式的转型和升级，诞生了一系列新产业、新

---

① 参见国务院国资委党委：《在脱贫攻坚中彰显国资央企使命担当》，《求是》2021年第4期。

② 参见谢富胜、王松：《在协同竞争中推动公有制经济与非公有制经济共同发展》，《教学与研究》2020年第12期。

③ 参见王珍珍、周利梅、张建威：《中国共产党百年民营经济发展取得的辉煌成就与伟大经验》，《经济研究参考》2021年第22期。

④ 民营经济已经成为推动我国发展不可或缺的力量，贡献了中国经济50%以上的税收、60%以上的GDP、70%以上的技术创新成果、80%以上的城镇劳动就业，还有90%以上的企业数量。参见《习近平：在民营企业座谈会上的讲话》，《人民日报》2018年11月2日。

业态，如电子商务、共享经济和直播经济等。[①]其三，民营企业家日益重视承担社会责任。在脱贫攻坚战中，截至2020年11月底，进入“万企帮万村”精准扶贫行动台账管理的民营企业有12.3万家，精准帮扶13.72万个村（其中建档立卡贫困村7.28万个），共带动和惠及1779.03万建档立卡贫困人口。在疫情防控中，截至2020年4月14日，全国共有110589家民营企业通过捐款捐物、设立基金等方式支持疫情防控，其中捐款172.22亿元，捐物价值119.27亿元，设立基金61.81亿元。在稳就业保民生工作中，民营企业“主渠道”作用凸显，2019年民营企业吸纳了70%以上的农村转移劳动力，提供了80%的城镇就业岗位、90%的新增就业，是城镇就业的重要保障。在推动共同富裕方面，民营企业2019年捐赠475.12亿元，慈善捐赠能力和意愿持续提升，是我国慈善捐赠的主力。[②]

① 参见周文、司婧雯：《当前民营经济认识的误区与辨析》，《学术研究》2021年第5期。

② 参见《全国工商联发布〈中国民营企业社会责任报告（2020）〉》，全国工商联网站，http：//www.acfic.org.cn/yw/qlyw/202012/t20201231_251187.html.

第八章
社会主义市场经济条件下资本无序扩张的分析

改革开放以来，中国资本市场获得了快速充分的发展。资本在发挥积极作用的同时，一些领域也出现了资本无序扩张的现象，产生了负面消极的影响。2020年中央经济工作会议明确提出“强化反垄断和防止资本无序扩张”，并将其列入2021年的八项重点任务之一。2021年中央经济工作会议再次强调，要有效控制资本的消极作用，依法加强对资本的有效监管，防止资本野蛮生长。那么，何为资本的无序扩张，其界定标准是什么？资本无序扩张的实践表现和成因又是什么？深入探究这些问题，有利于依法有效监管资本，为资本设置“红绿灯”，引导资本健康有序发展。

一、资本无序扩张的界定

资本只有在运动中才能不断增殖，在实践中表现为资本的扩张。资本扩张有其内在规律和逻辑。从外部扩张来看，资本试图跨越时间和空间的界限，打破自然和社会的界限，实现最大限度的增殖。马克思指出：“资本一方面要力求摧毁交往即交换的一切地方限制，征服整个地球作为它的市场，另一方面，它又力求用时间去消灭空间，就是说，把商品从一个地方转移到另一个地方所花费的时间缩减到最低限度。”[①]从内部扩张来看，资本扩张是资本积累的必然结果。资本“扩张的能力，这种能力使资本能把它的积累的要素扩展到超出似乎是由它本身的大小所确定的范围，即超出由体现资本存在的、已经生产的生产资料的价值和数量所确定的范围”[②]。资本在向外和向内扩张的过程中，会呈现出两种状态：一种是有序的资本扩张。有序扩张将发挥资本的积极作用，有利于优化市场资源配置，提高经济效率，促进生产力发展，推动人类社会向前发展；一种是无序的资本扩张。资本的无序扩张将产生消极作用，给生产力、社会发展、人民生活等造成巨大的负面影响和危害。

那么，判断资本无序扩张的标准是什么呢？在资本扩张的历史进程中，扩张并不是无边界的，而是受到一定条件的约束。无视资本扩张的约束条件，就可能走向资本的无序扩张。然而，资本扩张的约束条件并不是恒定不变的。资本是社会历史的范畴，资本扩张的约束条件随着社会生产力、生产关系、上层建筑的发展而变化发展。因此，在不同的历史发展阶段、不同的社会制度下，界定资本有序或无序的标准就有所不同。从资本本身的运动

① 《马克思恩格斯全集》第30卷，人民出版社1995年版，第538页。

② 《马克思恩格斯全集》第44卷，人民出版社2001年版，第697页。

规律出发，从中国当代实际出发，判断我国资本扩张是否为无序扩张可以从以下三个维度来把握。

第一，是否有利于生产力的持续发展。从资本扩张的发展趋势和方向来看，判断资本扩张有序或者无序的首要标准就是看是否有利于生产力的持续发展。在新发展阶段，体现为能否推动经济的高质量发展。高质量发展是体现新发展理念的发展。因此，资本健康有序的扩张，需要遵循创新、协调、绿色、开放、共享的新发展理念。反之，如果资本扩张仍然集中在“高投入”“高能耗”“高污染”的行列，或者资本大量涌入互联网金融领域而脱离了实体经济，再或者资本没有被引导到符合国家战略的高新技术产业和战略性新兴产业，影响了资本作为生产要素的积极作用，制约了创新发展动力，等等，都不利于我国经济高质量发展。概言之，在新发展阶段，资本扩张行为如果无视或违背了新发展理念的基本遵循，违背了国家宏观政策和长远发展，破坏了生产力的持续发展，资本扩张将最终走向无序的状态。

第二，是否服务于社会主义生产目的。社会主义市场经济中存在着不同形态的资本。从微观经济角度来看，无论公有制企业还是私有企业都要追求利润最大化。但与资本主义不同的是，资本作为社会主义市场经济中的生产要素，是发展的手段，不是最终目的，资本扩张最终需要服务于人民，需要服务于社会主义生产的目的。从全社会层面来看，社会主义生产目的就是最大限度地体现服务人民的目的和利益诉求，特别是要满足人民日益增长的美好生活需要，实现人的全面发展及社会成员的共同富裕。所以，在社会主义市场经济中资本扩张是要遵循社会主义生产目的。当然，不同类型的资本承担的责任使命有所不同，履行的程度和标准也会有所不同。一方面，公有资本从国家和人民的长远利益和根本利益出发进行资本扩张，需要“取之于民、用之于民”，充分彰显人民性的特点，遵循社会主义的生产目的，体现社会主义的本质要求；另一方面，非公有资本在获得了自己收益的同时，如果在扩张中损害了劳动者的利益，造成了其他经济体和整个社会总体福利的损失，可以判别为资本无序扩张。

第三，是否遵守相关制度和法律法规。社会主义市场经济本质上是法治经济，资本的扩张必须控制在“依法”和“循法”的范围内，服从现有的制度体制，遵守相关法律法规，这是社会主义市场经济中资本扩张的底线。如果资本扩张无视党的领导和中国特色社会主义制度，违反了相关法律法规，不遵守市场经济的基本规则，唯利是图、逃避监管，开展不正当竞争，资本扩张就将处于“无序”状态。用法律规定作为衡量资本无序扩张的底线，必须尽快完善相关的法律法规，明确规定在市场经济中，资本进行扩张的过程中哪些行为手段“不可为”，引导和推动资本进入“应作为”或“可作为”的领域之中。

应当看到，防止资本无序扩张，不是不要资本，而是要资本有序发展。绝不能为了“防止资本无序扩张”而对资本采取敌对、否定的态度，更不能为此扼杀资本在市场经济中的主动性和积极性。因此，对于能够促进生产力的持续发展、服务于社会主义生产目的、遵守相关制度和法律法规的资本扩张，需要充分鼓励与大力支持，最大限度地发挥出资本的积极作用。

二、资本无序扩张的实践表现和危害

（一）资本无序扩张的实践表现

资本无序扩张在房地产、校外培训、娱乐圈、金融、互联网平台经济等领域表现得最为明显。在房地产领域，资本的无序扩张表现为不断利用高杠杆推动高地价，再利用高地价推动高房价。住宅的基本属性由消费变为了可以增值保值的投资品，改变了房地产的消费属性，推动形成了“炒房”热；在校外培训领域，资本无序扩张实践表现为违背教育规律和青少年成长发展规律，开展以“应试”为导向的超前学习。不少培训机构采取商业化营销模式，做广告、拼低价，甚至用收来的学费做投资、做投机。有个别机构采用“教育贷”等金融手段促销、吸引学员。还有一些商业平台推波助澜，为了经济利益对培训机构广告“大开绿灯”，其中不乏夸大宣传和虚假广告。数据显示，2020年，中国基础教育在线行业融资额超过500亿元，这一数字超过了行业此前10年融资总和①；在娱乐圈，资本无序扩张表现为无视文艺作

① 《校外培训行业乱象频发　这是做教育，还是做生意》，《人民日报》2021年3月18日。

品质量和艺人艺德，而是盛行“流量至上”“饭圈文化”；在金融领域，一些机构利用资本监管的薄弱点，选择各种方式绕开资本制度的约束。比如，有些机构利用资产证券化，在少量资本获得负债的基础上，将资产剥离进入资产池并发行证券，获得新的资金，然后再展开资产证券化操作，如此持续地重复操作达到以少量资本控制巨额债务性资产的目的；在互联网平台经济领域表现为，一些机构打着互联网金融创新旗号，将信息平台功能转变为信用平台功能，推动了P2P、配资平台等的野蛮生长，导致企业和消费者融资成本和风险不断上升，等等。

接下来，主要结合社区团购的案例，来进一步分析资本无序扩张的实践表现。2020年受新冠肺炎疫情影响而发展起来的社区团购，对于消费者而言提供了方便，也提供了很多价格低的商品，有利于供求取得更好的平衡。随着社会团购成了新的投资风口，互联网巨头纷纷涌入，资本的无序扩张开始出现。有的团购企业为了排挤竞争对手，达到独占市场的目的，利用巨额资本“烧钱”补贴用户，不惜以低于成本的价格倾销，甚至接近免费送商品的扩张方式，从而扰乱了正常的生产经营秩序，损害了其他经营者的合法权益。当然，因为生产率提高带来的商品价格下降是我们乐见的，但社区团购采取的低价显然是人为进行资本无序扩张的体现和结果。实际上，社区团购企业采取的低价促销目的，在于培养消费者的消费习惯，并最终占领市场份额、形成垄断。而人为垄断后的结果往往是“变本加厉”地推出垄断价格，操纵市场进而破坏市场公平，最终损害消费者利益。从不断“烧钱”低价销售的社会团购案例可以看到，资本在扩张中已经背离了生产力持续发展的标准、社会主义生产目的的标准、经济法律法规的标准，走向了资本的无序扩张。

（二）资本无序扩张的危害

如果任由资本无序扩张，那么就会违背中国特色社会主义制度的根本理念与发展原则，在经济、政治、文化、社会、生态等领域，动摇党的执政根基，危害新时代中国特色社会主义事业的繁荣稳定。

1.扰乱市场秩序，拉大贫富差距

1985年，在批判资产阶级自由化时，邓小平指出：“我们大陆坚持社会主义，不走资本主义的邪路。社会主义与资本主义不同的特点就是共同富裕，不搞两极分化。创造的财富，第一归国家，第二归人民，不会产生新的资产阶级。”[①]的确，解放和发展生产力，消灭剥削、消除两极分化，最终实现共同富裕，是社会主义的本质要求，是社会主义区别于资本主义的关键。改革开放以来，我国逐步确立起了公有制为主体、多种所有制经济共同发展的基本经济制度，就是为了充分发挥社会主义制度的优越性，在做大“蛋糕”的同时，把“蛋糕”分好，维护社会的公平正义，

---

① 《邓小平文选》第3卷，人民出版社1993年版，第123页。

实现全体人民的共同富裕。

不过，资本力量在中国的不断壮大，虽然鼓励了多元主体之间的竞争，激发了人们“勤劳致富”的热情，推动了生产技术的革新，促进了中国与世界经济贸易的往来[①]，但是资本无序扩张在一定程度上就破坏了整个社会的公平正义，拉大了人民内部的贫富差距。马克思指出：“利润低的小资本同这个大资本相对立，那么大资本会把它们完全压垮。在这种竞争中，商品质量普遍低劣，伪造、假冒、无毒不有。”[②]在这里，马克思至少揭示了两个事实。第一，在资本逻辑的作用下，资本家之间也发生着残酷的竞争，小资本时刻面临着被大资本吞并进而破产沦为工人的危险；第二，资本之间的竞争，会超出法律所能容忍的底线，违背市场经济的公平正义原则。如果说，前者在市场经济的框架下是合法的，也符合社会发展的一般规律，那么后者必然是违背法律，且危害社会平稳有序发展的。另外，除了资本之间的竞争，资本还在制造劳动与资本的对立，使整个社会发生着贫穷与富裕、高尚与堕落的双重积累。马克思虽然讲的是资本主义社会的资本弊端，但实际上，这样的具体情况在当下中国社会也一定程度上存在。近年来，资本内部的恶性竞争扰乱了市场秩序，增加了社会发展的客观风险。一些金融、房地产企业无序扩张，一些

① 参见叶险明：《驾驭“资本逻辑”的中国特色社会主义初论》，《天津社会科学》2014年第3期。

② 《马克思恩格斯文集》第1卷，人民出版社2009年版，第136页。

资本平台依托垄断地位，损害国家和消费者的利益，打压中小企业的发展创新。

2.滋生贪污腐败，助长不正之风

邓小平指出："只有社会主义才能消除资本主义和其他剥削制度所必然产生的种种贪婪、腐败和不公正现象。"[①]的确，就理论层面而言，社会主义以公有制为基础，实现了劳动者与劳动资料的结合，消灭了剥削和压迫，推动了个体与社会利益的统一，贪污腐败失去了赖以存在的制度和精神基础。另外，共产党人"没有任何同整个无产阶级的利益不同的利益"[②]。所以，作为共产主义（社会主义）事业的领导核心，共产党不应该也不能够贪污腐败，整个社会应当是风清气正、安定和谐的。另外，就实践层面而言，改革开放之后，党始终带领人民坚持中国特色社会主义政治发展道路，发展社会主义民主，坚持人民民主专政，坚持和完善人民代表大会制度，坚持和完善中国共产党领导的多党合作和政治协商制度，坚持和完善民族区域自治制度，巩固基层民主政治建设。

不过，在现实中，贪污腐败问题仍旧十分严重。这不仅因为中国还处于社会主义初级阶段，生产力与生产关系还没有达到更高的发展水平，更是因为资本力量在中国的无序扩张使贪腐的形式和内容发生了重要变化。党的十九届六中全会指出，改革开放

---

① 《邓小平文选》第3卷，人民出版社1993年版，第143页。

② 《马克思恩格斯文集》第2卷，人民出版社2009年版，第44页。

之后，出现管党不力、治党不严问题，政治问题和经济问题相互交织，贪腐程度触目惊心。政治问题与经济问题相互交织的重要原因之一，就是资本向权力的渗透。16世纪以来，资本主义生产方式得到了深入的发展，几次工业革命又加速了这一历史进程，而与之相对应的是，资本主义国家在政治上逐步建立起一系列制度形式，包括国家政体形式、国家结构；国家权力机构及其运作程序；公民实现政治参与的制度，等等。[①]从形式上看，这些制度确保了公民个人在法律和政治意义上的平等地位，但是仍在生产方式的领域维护着资本运行。因此，在西方资本主义国家，公共权力本质上是为资本服务的，资本就是公共权力得以存在和发展的内在依据。但是，中国特色社会主义政治制度坚持的是人民当家作主，维护的是人民的历史主体地位，资本是工具，是要被驾驭、约束、规范的对象，是服务人民的手段和途径。因此，在中国，资本与公共权力之间存在着深刻的理论和现实张力。如果没有妥善引导，资本势必要通过向公共权力渗透的方式，扫清自己无序扩张道路上的障碍，而贪污腐败也就由此产生。

3. 引发错误思潮，威胁文化安全

1980年，邓小平指出："我们要建设的社会主义国家，不但要有高度的物质文明，而且要有高度的精神文明。所谓精神文明，不但是指教育、科学、文化（这是完全必要的），而且是指共

---

① 参见唐晓、王为、王春英：《当代西方政治制度导论》，中国人民大学出版社2016年版，第3页。

产主义的思想、理想、信念、道德、纪律，革命的立场和原则，人与人的同志式关系。”[①]人是一种二重性存在，既服从物质世界的发展规律，也有自由崇高的精神追求。同样，社会也是一种二重性存在，既要遵循社会历史发展的基本趋势，同时也要以先进的思想为理论指引。唯有如此，个人才能昂扬积极、充满斗志；社会才能明确方向、稳步向前。中国社会要想逐步超越社会主义初级阶段，不断推动社会主要矛盾的转变，必须牢固树立社会主义核心价值观，以共产主义的理想信念为基本的价值遵循，指引具体的生产实践活动。中国共产党也的确始终坚持物质文明和精神文明两手抓、两手都要硬。

不过，正如党的十九届六中全会指出的那样，改革开放之后，拜金主义、享乐主义、极端个人主义和历史虚无主义等错误思潮不时出现，网络舆论乱象丛生，一些领导干部政治立场模糊、缺乏斗争精神。应该说，这些错误思潮和文化乱象，与资本逻辑都有着直接或间接的关系。马克思指出，在资本的主导下，人的“一切肉体的和精神的感觉都被这一切感觉的单纯异化即拥有的感觉所代替”[②]，追求商品、货币成为人的核心需求。人在观念中被抽离于历史和社会，沦为了精神上原子化的个体。民族与国家的历史生成，人与人之间的社会联系，对于个人而言，都服从并服务于对价值或使用价值（利益）的追求。因而，在陷入历

① 《邓小平文选》第2卷，人民出版社1994年版，第367页。

② 《马克思恩格斯文集》第1卷，人民出版社2009年版，第190页。

史虚无主义与极端个人主义的同时，个人亦必将陷入享乐主义与拜金主义。资本力量在中国的壮大，如果缺乏科学引导和合法监管，必然或多或少地催生这种与社会主义核心价值观和共产主义理想信念背道而驰的精神现象，进而严重威胁着国家的意识形态安全。近年来，资本对大众文化的负面影响日益凸显。过度的商业化、娱乐化，使大众文化在一定程度上沦为资本的传声筒，败坏了社会风气与伦理道德。

4.只重眼前利益，破坏生态环境

习近平总书记指出："人与自然是生命共同体，人类必须尊重自然、顺应自然、保护自然。人类只有遵循自然规律才能有效防止在开发利用自然上走弯路，人类对大自然的伤害最终会伤及人类自身，这是无法抗拒的规律。"[①]在社会主义制度的条件下，人基于生产资料公有制，已经实现了对生产力的掌握，成为劳动及其产物的主人，可以自觉地规范、引导自身的实践行为，自主地遵循自然规律，在尊重自然的基础上，开发利用自然，实现人与自然的和谐共生，为社会的存在和发展，营造良好的生态环境。这不仅能够满足当代人发展的基本需求，同时也为后代人满足自身发展需要提供了必要的物质前提和制度保障。中国共产党长期以来十分重视对生态环境的保护，党的十七大报告明确提出了"建设生态文明"，党的十八大报告更是把"生态文明建设"

① 《习近平谈治国理政》第3卷，外文出版社2020年版，第39页。

纳入到了“五位一体”总体布局之中。

不过相比之下，生态文明建设仍然是一个短板。党的十九届六中全会指出，改革开放之后，资源环境约束趋紧、生态系统退化等问题越来越突出，特别是各类环境污染、生态破坏呈高发态势，成为国土之伤、民生之痛。这样的问题在中国特色社会主义事业进入新时代后虽然有很大程度的改善，但是一些类似的现象仍旧不同程度地存在，而这与资本的关系十分密切。资本的本性是逐利的，无论社会还是自然，在资本的眼里，都是满足自身不断扩张的中介和工具。因此，在人与自然关系的问题上，资本不考虑眼前利益与长远利益的统一。目前，水土流失、土地沙漠化、荒漠化、森林减少、生物多样性减少、空气污染等问题仍旧困扰着人们。例如，雾霾问题虽然长期存在，但是2013年之后，才真正逐步进入公众视野。据统计，2013年1月的北京，仅有5天不是雾霾天气，全国30个省（市、区）几乎都受到雾霾的影响。这极大地损害了人们的身心健康，影响了人们的正常生活。当然，包括气候问题在内，产生雾霾的原因有很多。但是不可否认，工业生产废气的无节制排放等人为因素，也是产生雾霾的重要原因。而这背后，正是以资本逻辑为基础的利益驱使。

5. 增加群众负担，危害国计民生

2012年，习近平总书记指出：“在前进道路上，我们一定要坚持从维护最广大人民根本利益的高度，多谋民生之利，多解民生之忧，在学有所教、劳有所得、病有所医、老有所养、住有所居上持续取得新进展。”①人民是历史的主体，是历史的创造者，人民既是生产力进步的推动者，也是生产力发展成果的享受者。减轻人民负担，改善民生，使人民得到真正的实惠，是坚持立党为公、执政为民的本质要求，是党和人民事业不断发展的重要保证。要知道，中国梦归根到底是人民的梦，必须紧紧依靠人民来实现，必须不断为人民造福。

在《英国工人阶级状况》中，恩格斯指出：“根据官方关于工人阶级卫生状况的报告，这种到处蔓延的灾害是直接由于住宅的通风、排水和卫生的恶劣状况引起的。”②“灾害”指的是肺结核、猩红热、伤寒等“毁灭性的疾病”。在这里，恩格斯实际上向人们呈现出了这样的事实。那就是，在资本逻辑的主导下，工人的基本医疗、卫生、教育、住房、工资等，都是可用来交易的商品，都可以转化为货币，都是资本扩张过程中的成本项，这笔支出都可以被资本尽可能地压低。但是，工人与资本家一样，都是人，在一定的社会条件下，为了满足基本的生存与发展需要，都要得到最基本的社会保障。遗憾的是，资本并不顾及工人阶级的物质生活境遇与精神文化需要，不在乎工人阶级是否能够长期稳定地存在和发展。在当代中国，相比于西方，资本已经在很大程度上得到了约束，但是，资本逻辑仍旧对中国社会的医疗、教

① 《习近平关于社会主义社会建设论述摘编》，中央文献出版社2017年版，第3页。

② 《马克思恩格斯文集》第1卷，人民出版社2009年版，第412页。

育、卫生、文化等重要的民生领域，进行着深远的影响和渗透。一旦被资本裹挟，基本的医疗卫生、文化教育、社会保障等资源必然在很大程度上转变为商品，它的生产和分配必然受到利润的驱使，难以惠及全体人民，看病难、看病贵、教育不公平、老无所养、房价高涨等问题也必然会出现。毫无疑问，这直接危害着国计民生、动摇着党的执政根基。

三、资本无序扩张的主要原因

野蛮生长盲目追求剩余价值是资本的本性使然，是资本逻辑占据社会主导地位的必然结果。改革开放之后，为了推动生产力的进步，实现社会资源的优化配置，我们开始自觉支持和引导资本的发展，使之适应中国特色社会主义道路的基本要求，成为推动党和国家事业不断前进的重要力量。现在，我们也已经取得了一系列辉煌的历史成就。不过，基于社会主义制度框架驾驭资本毕竟是一条前无古人的曲折道路，毕竟是一项没有成功经验可以借鉴的艰辛探索。所以，在这一历史进程中，一些深层的体制机制问题，便成为资本暴露本性无序扩张，从而破坏社会生产、违背法律道德、损害人民利益的重要原因。

（一）市场经济体制不够完善

在理解发展方式上，我们偏重于经济增长，忽视经济增长与社会进步的整体关系。社会发展以经济增长为基础，经济增长不完全等于社会发展。社会是一个整体、一个系统，包含着生产力与生产关系、经济基础与上层建筑的各个方面，单纯地追求生产力的进步，忽视对生产关系与上层建筑的调整，必然会激化社会矛盾、引发社会问题、加大社会冲突。所谓“中等收入陷阱”，本质上就是在生产力发展到一定程度的基础上，国家没有妥善推动体制机制改革，使生产关系和上层建筑适应生产力发展需要的必然结果。长期以来，一些地方的“唯GDP”发展理念，虽然在短时间内，刺激了生产力进步，实现了经济的增长，但是却在很大程度上放纵了资本的无序扩张，忽视了对资本给社会带来的负面作用①，最终扰乱了市场秩序、拉大了贫富差距、破坏了生态环境，使资本的发展和扩张在很大程度上，与推动社会生产力进步的目的相违背，与以人民为中心的价值要求相背离，与社会主义本质的基本要求不相适应。实际上，这也反映出在推动市场在资源配置中起决定性作用的同时，加强对市场的协调、控制和引导能力，政府整顿市场秩序、规范市场行为的能力有待进一步提高。

在对待发展成果时，我们没有形成科学完备的收入分配和社会保障制度，这是驾驭资本、改善民生、实现共同富裕过程中的重要阻碍。目前，我国收入分配制度仍旧存在很多的问题和不

① 参见刘伟：《GDP与发展观——从改革开放以来对GDP的认识看发展观的变化》，《经济科学》2018年第2期。

足，社会不同阶层、不同行业的收入差距较为明显，农村和城镇部分居民的收入增长速度，比城市和相对发达地区慢。个别行业内部由于其垄断特点，职工收入分配也存在诸多不合理现象。至于国有单位，在收入分配上的平均主义倾向也较为明显。另外，养老、失业和医疗保险的机制建设尚不完善，一些基础性的保险举措覆盖面较小。城市间、城乡间、区域间的保障政策差异较大。资本的无序扩张已经造成了城市间、城乡间、区域间发展的不协调，增加了群众的生活负担。可遗憾的是，收入分配和社会保障领域内的相关政策举措，尚没有充分发挥出其约束引导资本的积极作用。

（二）社会法治建设不够完善

资本向公共权力的渗透，是滋生贪污腐败的重要原因，就是同推进国家治理体系和治理能力现代化目标相比，法治建设还存在许多不适应、不符合的问题。党的十八届四中全会指出，有的法律法规未能全面反映客观规律和人民意愿，针对性、可操作性不强，立法工作中部门化倾向、争权诿责现象较为突出；有法不依、执法不严、违法不究现象比较严重，执法司法不规范、不严格、不透明、不文明现象较为突出；部分社会成员尊法学法守法用法、依法维权意识不强，一些国家工作人员特别是领导干部依法办事观念不强、能力不足，知法犯法、以言代法、以权压法、徇私枉法现象依然存在。当前法治建设中的这种局限性，不利于维护宪法和法律的权威，不利于营造公平正义的市场环境，这最终将产生双重的负面影响。第一，在客观上，为资本渗透公共权力，腐化个别党政干部，提供了可乘之机；第二，在主观上，为资本向权力的渗透，党政干部与资本的相互勾结，提供了催化作用。如果公共权力不能有效管控引导资本，反而与资本勾结，对于资本一方而言，这将使牟利的直接目的凌驾于社会整体平稳有序发展这一大局之上；对于权力一方而言，这将在很大程度上改变公共权力的基本性质，最终不利于社会的长治久安，不利于党的长期稳定执政。长此以往，这必将对社会主义民主政治建设产生消极影响，阻碍经济社会发展的长期稳定，影响人们的文化认同与价值观念。

（三）精神文明与物质文明发展相对失衡

资本无序扩张就其本质而言，是一种经济行为及其在社会各个领域的物质呈现，它固然要以具体的物质前提为基础，但同时也以一定的文化观念为支撑。要知道一定的文化观念立足并反作用于一定的经济基础。改革开放40多年来，中国社会的经济发展水平显著提高，创造了一个又一个举世瞩目的伟大成就，用了不到半个世纪的时间，就完成了西方国家几百年才得以完成的工业革命，并正引领着第四次工业革命的历史潮流。目前，中国已经是世界第二大经济体，在国际舞台上发挥着重要的作用。不过，中国的精神文明建设与物质文明建设并没有实现完全的同频共振，这也助长了资本在文化领域的无序扩张，具体表现在以下三个方面。

第一，在意识形态领域，党的领导存在弱化问题。守住意识形态阵线，培育和弘扬社会主义核心价值观，维护国家的意识形态安全，是夯实党长期执政的精神根基。在一定时期内，党对意识形态领域的领导存在弱化现象，在一定程度上缺乏对文化事业与文化产业发展的积极引导，这导致了公民价值与文化认同的相对混乱。甚至一些党员干部，对马克思主义的信仰也发生了动摇。资本主导的文化观念，强调金钱至上，以利己主义为基本特征，与社会主义社会强调的人民至上以及集体主义观念背道而驰，与马克思主义的基本价值追求根本对立。一旦公民的价值诉求出现一定程度的混乱、主流文化在社会中相对失语，那必然为资本主导的文化观念的传播提供精神土壤。这种观念一旦在社会中生根发芽，势必会作用在经济基础领域，为资本的无序扩张扫平思想障碍。

第二，缺乏对中华优秀传统文化思想精髓的挖掘和继承。中华优秀传统文化是中华民族生存发展的精神支撑，是中国特色社会主义植根的文化沃土。中华优秀传统文化包含着文化生活领域的方方面面，寄托着千百年来中国人民共同的精神和价值追求，是马克思主义中国化得以不断深化的重要精神纽带，是科学社会主义在当代中国充满生机与活力的重要思想保障。应该说，中华优秀传统文化中强调的共同富裕理念、家国天下情怀，都与资本主导的文化观念相互矛盾。在资本的视野中，一切价值都可以用金钱来衡量。但是在中国人的精神基因中，除了满足衣食住行的基本需要，任何人都应当有更崇高、更远大的现实追求，都应当有为国为民、忠孝仁义的价值关怀。这既是对资本发展的积极引导，也是对资本无序扩张的批判和制约，更是对资本逻辑负面意义的精神消解与思想超越。但是，长期以来，我们缺乏对中华优秀传统文化思想精髓的挖掘与继承，缺少文化自信，拜金主义盛行，这为资本无序扩张提供了思想便利。

第三，尚不能充分讲好中国故事，有效应对西方的文化侵蚀。中国是世界上最大的社会主义国家，而中国特色社会主义是科学社会主义理论真理性的当代体现，是马克思主义理论走向现实的具体表达。新中国成立以来，出于物质利益和意识形态的分歧与对抗，西方对中国的敌视从未消减，西方资本主义国家试图通过各种手段和途径，瓦解中国特色社会主义制度，阻止中华民族的伟大复兴。在科技高度发展的今天，西方资本主义国家更是无时无刻不联合起来，通过网络技术等手段，以资本输入为基础，在国际国内等不同平台，展开着对中国的文化侵略[①]，威胁着我国的意识形态安全。与此同时，我国在理论研究、思想宣传等方面，还缺少应对诸多意识形态挑战的客观能力。这导致西方社会的经济发展理念、政治建构方式与思想文化追求在中国社

① 参见刘建华：《美国对华网络意识形态输出的新变化及我们的应对》，《马克思主义研究》2019年第1期。

会也通过一定形式得到了传播，许多中国人也随之被资本占主导的文化观念所洗脑。应该说，这也成为资本在中国社会无序扩张的重要原因。

第九章
新发展阶段规范和引导资本健康发展的思路

在资本主义社会，任何人与组织都驾驭不了资本这种异己的社会力量。只有到了社会主义社会，社会主义市场经济才为驾驭资本提供了制度前提、体制基础和物质条件。但长期以来，在社会主义市场经济条件下如何驾驭资本、发挥资本的积极作用方面，我们做了积极探索，有不少经验启示，但仍有不少问题尚待解决。如何抑制资本的消极作用，存在不少短板，这一直是我们想解决而又没有解决好的一个难题。尤其是近几年来，随着数字经济、平台经济的发展，由于认识不足、监管缺位，我国一些领域出现资本野蛮生长、无序扩张问题，损害了群众利益，甚至干预舆论、渗透政治权力，逐步成为一个不容回避的重大政治和经济问题。2021年中央经济工作会议明确强调，要正确认识和把握资本的特性和行为规律，要发挥资本作为生产要素的积极作用，同时有效控制其消极作用。这是党中央首次将遏制资本野蛮生长、无序扩张问题上升为“重大政治和经济问题”，并进行全面部署。我们必须充分发挥中国特色社会主义的制度优势，充分发挥社会主义市场经济的体制优势，充分发挥全国一盘棋的政策优势，扬长补短，明确驾驭资本的原则、方式和基本思路。

一、规范和引导资本健康发展的主要原则

资本既是一种生产要素，也是一种生产关系，规范和引导资本健康发展既要发挥资本作为生产要素的积极作用，又要有效控制其消极作用。新发展阶段规范和引导资本健康发展，必须遵循有向、有效、有序的原则，引导资本服务社会主义市场经济，推动高质量发展，防止资本无序扩张。

一是有向原则，服务社会主义市场经济。在过去很长一段时间，我国对于资本的认识相对局限，混淆了资本与制度的关系。随着改革开放的深入推进，对资本的认识越来越科学。党的十四大报告明确提出“中国经济体制的改革目标是建立社会主义市场经济体制”，将社会主义与市场经济相结合是一个伟大创造。驾驭资本遵循的有向原则，指的是资本与社会主义市场经济相结合，表现为服务于社会主义市场经济。一方面，资本要服务于市场经济。资本是市场经济中一种重要的生产要素，市场经济中必然存在各种形态的资本，不论哪种形态的资本，都首先要服务于市场经济。市场是资源配置的重要方式，使市场在资源配置中起决定性作用，资本服务于市场经济，就是要用市场化方式配置各种形态的资本，充分激发资本的活力。同时更好发挥政府的

作用，就是要依托政府的宏观调控，引导资本更好地服务市场经济。另一方面，资本要服务于社会主义。与资本主义有所不同，马克思和恩格斯对未来社会的设想是“物质财富极大丰富，人民精神境界极大提高，每个人自由而全面发展”，社会主义的本质是解放生产力，发展生产力，消灭剥削，消除两极分化，最终达到共同富裕。从这个角度看，社会主义追求全体人民共同富裕、追求人的自由而全面发展，社会主义市场经济条件下的资本理所应当地要服从于以人民为中心的发展思想，服务于社会主义所追求的目标。

二是有效原则，推动经济社会高质量发展。进入新发展阶段，高速增长已经不是最为重要的目标，在维持高速增长的基础上，更要推动高质量发展。驾驭资本遵循的有效原则，表现为推动经济社会迈向高质量发展。其一，资本要推进发展方式转变。过去依靠要素投入的粗放型发展方式，确实带来了一段时间的高速增长，但同时也带来了高投入、高能耗、高污染“三高”问题，资本持续投入“三高”领域或行业不具可持续性。未来资本要推进发展方式转变，由粗放型发展方式变为节约集约型发展方式，凡是有利于转变发展方式的资本运动和增值，应予以鼓励和支持。其二，资本要助力经济结构优化。从发达国家的经验看，当经济发展到一定程度后，第三产业增加值占GDP比重会上升至较高水平，德国、日本、英国第三产业占比超过70%，美国甚至超过80%，但是并非第三产业占比与优化经济结构不存在必然关系。对中国而言，资本助力优化经济结构，除了稳步提高第三产业占比，还要确保制造业占据一定比重，特别是提升各产业的科技含量、综合竞争力。凡是有利于优化经济结构的资本运动和增值，要加以引导和鼓励。其三，资本要助推增长动力转换。改革开放之初，各类被抑制的要素竞相投入，展示出巨大的活力，成为增长的动力。但是，生产要素不是无限的，仅仅依靠要素投入不可持续且问题众多，需要转换增长动力。资本需要在创新、协调、绿色、开放、共享的新发展理念的指引下助推增长动力转换，特别是基于在全面建设社会主义现代化国家中占据的核心地位，要大力引导资本支持创新。

三是有序原则，防止资本无序扩张。资本扩张是其天性和本能，总是会从利润率低的部门流向利润率高的部门。在社会主义市场经济条件下，资本是服务于社会主义的，理应服从社会主义制度、遵循我国法律和市场规则，依法运动，循序扩张。无数事实证明，放任资本无序扩张只能导致垄断，甚至引发经济金融危机。当前我国资本扩张呈现三个特点：其一，资本的金融化。随着我国资本市场的不断发展，资本有了更为广阔的施展空间，通过利用资本市场工具，少量资本以数倍杠杆扩张信用，撬动远多于自有资本的资本，少量资本在实现更多的价值增殖的同时，造成更大的社会不公平，又将风险分担出去，带来更大的经济金融风险。其二，资本的平台化。平台经济是数字经济时代的典型代表，平台成为协调组织资源配置的重要形式，在发挥规模经济效应、适应长尾理论、产生网络效应和财富效应等方面显示出积极的作用，但是利用平台用户数量与产品质量、生产者数量和消费者数量相互成就的特性，平台经济也容易产生“赢者通吃”和“大而不能倒”的现象。其三，资本扩张的隐蔽化。部分跨国经营红筹企业利用境外上市或投资进行包装，在资本的金融化和平台化双重加持下，资本扩张的行为更为隐蔽，对于这类主要业务在境内但在境外上市的公司，国内监管部门的跨境监管合作相对不足，使得一些资本在我国境内无序扩张。资本扩张必须遵循有序原则，要在一定的法律和规则之下进行运动和增值，循序扩张。一是防止资本与权力勾连，资本收买权力、权力联姻资本，导致权力为资本“开道”、为资本“站台”“撑腰”；二是防止资本干预“序”的制定，甚至自己制定“序”，这样资本既是运动员又是裁判员，成为凌驾于国家和社会之上的力量；三是防止垄断的形成，严格执行反垄断法。

二、规范和引导资本健康发展的主要方式

社会主义市场经济条件下资本呈现一定的形态特性和行为规律，新发展阶段规范和引导资本健康发展的方式，主要在于以法律和规则为资本设置“红绿灯”。

一是“亮红灯”，“法有禁止不可为”。在社会主义市场经济下，凡是法律和规则明令禁止的，资本均不可涉及。具体有两种

情况：一种是明令禁止所有资本参与。2019年中国人民银行发布《关于进一步加强支付结算管理　防范电信网络新型违法犯罪有关事项的通知（银发〔2019〕85号）》，其中提到“不得直接或变相为互联网赌博、色情平台，互联网销售彩票平台，非法外汇、贵金属投资交易平台，非法证券期货类交易平台，代币发行融资及虚拟货币交易平台，未经监管部门批准通过互联网开展资产管理业务以及未取得省级政府批文的大宗商品交易场所等非法交易提供支付结算服务”。诸如此类的平台和交易场所，都属于法律和规则明令禁止的范畴，对资本需要“亮红灯”，杜绝任何资本参与。另一种是明令禁止部分资本参与。这种情况主要是针对外商投资，为了维护我国经济金融安全，鼓励和促进外商投资，保护外商投资合法权益，我国出台了《外商投资法》《外商投资法实施条例》等法律和规则，通过设立外商投资准入负面清单的方式，明令禁止外商投资参与某些领域的经济活动。以《外商投资准入特别管理措施（负面清单）(2021年版）》为例，稀土、烟草、邮政、中国法律事务、社会调查、人体干细胞和基因诊断与治疗、人文社会科学研究机构、各类地理测绘、义务教育和宗教教育机构，以及新闻机构、图书报刊出版、广播电视、电影、文物拍卖和文艺表演团体等，都禁止外资参与。

二是“闪黄灯”，深化垄断行业改革。垄断是资本无序扩张的一个结果，但并非所有垄断都是由资本无序扩张导致。对于垄断行业的资本，要通过“闪黄灯”的方式，深化垄断行业改革。

一方面，深化自然垄断行业改革。我国的电网、电信、铁路、石油、天然气等重点行业，属于自然垄断行业，资本在垄断主体的控制下进行运动和增值，对维护国家重要基础设施和战略性资源安全起着至关重要的作用。但是自然垄断行业的低效率问题也十分突出，需要适当引进社会资本参与，鼓励上市公司或非上市公司引进战略投资者，以社会资本的活力带动自然垄断行业提质增效。要深入实施《国企改革三年行动方案（2020—2022年）》，对于电力、油气管网、铁路、邮政、烟草等行业，要放开竞争性业务，以引入社会资本的形式引入市场竞争机制，加快实现竞争性环节市场化，切实打破行政性垄断，防止市场垄断。另一方面，深化房地产和互联网寡头等行业的垄断改革。房地产、互联网寡头、互联网金融等行业，存在资本无序扩张和垄断的趋势，要进一步完善公平竞争制度，加强和改进反垄断和反不正当竞争执法。以房地产市场为例，2020年8月，中国人民银行、住房和城乡建设部都出台了重点房企资金监测和融资管理的“三线四档”规则，用剔除预收款的资产负债率不得大于70%、净负债率不得大于100%、现金短债比不得小于1倍三项核心指标作为“三条红线”，将房企划分为红色、橙色、黄色、绿色四个档位[①]。2020年12月，中国人民银行、银保监会联合印发了《关于建立银行业金

① 红色档表示如果三条红线都触碰到了，则不得新增有息负债；橙色档表示如果碰到两条线，负债年增速不得超过5%；黄色档表示碰到一条线，负债年增速不得超过10%；绿色档表示三条线都未碰到，负债年增速不得超过15%。

融机构房地产贷款集中度管理制度的通知》，分档设置了房地产贷款余额占比和个人住房贷款余额占比两个上限，对超过上限的金融机构设置过渡期，并建立区域差别化调节机制。通过设置指标界限引导资本流向，这在某种程度上就是“闪黄灯”，让资本不再集中流向房地产行业，是一种相对科学的“闪黄灯”做法。

三是“开绿灯”，“法无禁止皆可为”。除了明令禁止和严格限制垄断的行业，资本可以发挥其主观能动性，最大限度地开展资本运动、实现价值增殖，“法无禁止皆可为”。特别是，对符合新发展理念的资本要加大“开绿灯”的力度。创新方面，鼓励资本参与各类有益的创新活动。国家层面做好重大基础研究的资本投入，培育和引进国际一流的科技领军人才、创新团队和青年科技人才后备军；企业层面强化创新主体地位，以自有资本、外部资本等组建创新联合体，形成大企业引领支撑、中小微企业共同参与、上中下游产业链联动的产学研政金深度融合的创新生态。协调方面，鼓励资本参与国家发展战略。目前，我国已形成以西部、东北、中部、东部四大板块为基础，以京津冀协同发展、长江经济带发展、粤港澳大湾区建设、长三角一体化发展、黄河流域生态保护和高质量发展等区域重大战略为引领的区域发展战略布局，要充分引导资本参与区域经济发展。绿色方面，鼓励资本参与绿色转型。中国二氧化碳排放力争于2030年前达到峰值，努力争取2060年前实现碳中和，是重大战略决策，其带来挑战的同时也蕴藏许多新机遇，要鼓励资本围绕碳达峰碳中和运动和增殖，发挥资本助推经济社会发展全面绿色转型的作用。开放方面，鼓励资本参与更高水平对外开放。我国将在更大范围、更宽领域、更深层次实施对外开放，要继续将资本“引进来”，在政策范围内激发各类资本的潜力；同时，还可依托“一带一路”倡议引导资本“走出去”，为构建新发展格局、推动共建“一带一路”高质量发展助力。共享方面，鼓励资本参与共同富裕事业。共同富裕是社会主义的本质要求，资本增殖与共同富裕并不必然存在矛盾，关键在于如何利用资本的优点、规避资本的缺点。共同富裕是一项系统性工程，不论是提高发展的平衡性、协调性、包容性，还是扩大中等收入群体规模，抑或促进基本公共服务均等化，资本均大有可为，要引导资本有序参与共同富裕事业。

三、规范和引导资本健康发展的基本思路

资本无序扩张，从客观上看是资本本性使然，从主观上看，是由于体制机制不健全、政策制定不到位、法律法规不完善、监管不力造成的。规范和引导资本健康发展，需要标本兼治，充分发挥中国特色社会主义的制度优势，充分发挥社会主义市场经济的体制优势，充分发挥全国一盘棋的政策优势，系统优化促进资本有序扩张的基本制度、体制机制和政策体系。从宏观层面看，要坚持和完善社会主义基本经济制度，毫不动摇巩固和发展公有制经济，毫不动摇鼓励、支持、引导非公有制经济发展；要推动

有效市场和有为政府更好结合，进一步加强社会主义市场经济体系和法治建设，为资本设置“红绿灯”，为资本健康发展疏通渠道，加强资本监管。从行业层面看，要通过完善反垄断、加强资本监管等方面的法律法规，建立健全防止资本无序扩张的法律制度，加强对资本扩张的引导和管控。

（一）更加坚决坚持“两个毫不动摇”，坚持和完善社会主义基本经济制度，充分发挥中国特色社会主义的制度优势

充分发挥社会主义市场经济条件下各种市场主体的活力，发挥好各种资本的积极作用，必须坚持和完善社会主义基本经济制度，毫不动摇巩固和发展公有制经济，毫不动摇鼓励、支持、引导非公有制经济发展，促进非公有制经济健康发展和非公有制经济人士健康成长。

一是毫不动摇巩固和发展公有制经济。公有制经济由于自身的优势，能够更好降低市场的盲目性，确保市场经济社会主义的发展方向和人民的长远利益。必须毫不动摇巩固和发展公有制经济，坚持国有经济主导作用不能动摇，充分发挥公有制资本在市场经济中的引领和调控作用。进入新发展阶段，要不断探索公有制多种实现形式，推进国有经济布局优化和结构调整，发展混合所有制经济，增强国有经济竞争力、创新力、控制力、影响力、抗风险能力，做强做优做大国有资本。第一，积极稳妥推进国有企业混合所有制改革。探索公有制多种实现形式，鼓励发展国有

资本、集体资本、非公有资本等交叉持股、相互融合的混合所有制经济，实现各种所有制资本取长补短、相互促进、共同发展。同时，加强对混合所有制改革的全过程监督，及时发现纠正出现的偏差，切实防止国有资产流失。第二，推进国有经济布局优化和结构调整。紧紧围绕服务国家战略，落实国家产业政策和重点产业布局调整总体要求，优化国有资本重点投资方向和领域，推动国有资本向关系国家安全、国民经济命脉、国计民生、提供普遍服务、应急能力建设和公益性的重要行业和关键领域、重点基础设施集中，向前瞻性战略性新兴产业集中，向具有核心竞争力的优势企业集中。第三，完善中国特色现代企业制度。把加强党的领导和完善公司治理统一起来，加快完善国有企业法人治理结构和市场化经营机制，激发国有企业发展活力、内生动力和内部约束力。第四，完善以管资本为主的国有资本监管体制。形成以管资本为主的国有资产监管体制，有效发挥国有资本投资、运营公司功能作用，加大对企业授权放权力度，赋予企业更多自主权，进一步强化国有企业市场主体地位。

二是毫不动摇鼓励、支持、引导非公有制经济发展。党的十八大以来，关于非公有制经济发展的政策措施更加完善，非公有制经济已发展成为社会主义市场经济的重要力量。但是，由于一些原因，有些政策落地效果还不是很好。新发展阶段，要进一步深化改革，为非公有制经济发展营造更好的制度环境，推动其更加健康地走向更加广阔的舞台。第一，加大对非公有制经济的政策支持。要持续减轻企业发展成本。切实落实更大规模地减税降费，实施好降低增值税税率、扩大享受税收优惠小微企业范围、加大研发费用加计扣除力度、降低社保费率等政策。落实涉企收费清单制度，进一步清理、精简涉及民间投资管理的行政审批事项、涉企收费、摊派事项和各类评比达标活动，规范中间环节、中介组织行为，减轻企业负担，降低企业成本。着力解决融资难、融资贵问题。健全完善金融体系，支持发展以中小微企业为主要服务对象的中小金融机构，鼓励银行与民营企业构建中长期银企关系，为中小企业融资提供可靠、高效、便捷的服务。强化考核激励，健全授信尽职免责机制，合理增加信用贷款，在内部绩效考核制度中落实对中小微企业贷款不良容忍的监管政策，进一步降低民营和小微企业综合融资成本。第二，鼓励引导民营企业改革创新。支持民营企业参与国有企业改革，实现互利共赢、共同发展。鼓励有条件的民营企业加快建立治理结构合理、股东行为规范、内部约束有效、运行高效灵活的现代企业制度。支持民营企业加强科技创新。支持建立面向民营企业的共性技术服务平台，积极发展技术市场，为民营企业自主创新提供技术支持和专业化服务。第三，支持民营企业做优做强做大。着力引导民营企业利用产权市场组合民间资本，开展跨地区、跨行业兼并重组，培育一批特色突出、市场竞争力强的大企业集团。第四，促进非公有制经济人士健康成长。非公有制经济要健康发展，前提是非公有制经济人士要健康成长。要构建亲清的政商关系，建立规范化机制化的政企沟通渠道，完善涉企政策制定和执行机制，多举措促进非公有制经济人士健康成长。

（二）推动有效市场和有为政府更好结合，为资本健康发展疏通渠道，充分发挥社会主义市场经济的体制优势

在社会主义市场经济条件下，规范和引导资本健康发展，必须为资本设置“红绿灯”，进一步加强社会主义市场经济体系和法治建设，建设高水平的开放体系等，鼓励各种形态的资本发展，为各类资本发展提供明确的预期、公平公正的竞争环境和法治环境以及更大的发展空间。

一是建设高标准市场体系。全面完善产权、市场公平竞争等制度，夯实市场经济基础性制度，筑牢各类资本有效运行的体制基础。全面完善产权制度。健全以公平为原则的产权保护制度，加强各种所有制经济产权保护，公有制经济财产权不可侵犯，非公有制经济财产权同样不可侵犯。完善以管资本为主的经营性国有资产产权管理制度，加快转变国资监管机构职能和履职方式。健全自然资源资产产权制度。完善农村集体产权确权和保护制度。加大知识产权保护力度，完善新领域新业态知识产权保护制度。完善公平竞争制度。全面落实公平竞争审查制度。强化公平竞争审查的刚性约束，修订完善公平竞争审查实施细则，建立公平竞争审查抽查、考核、公示制度，建立健全第三方审查和评估机制。逐步清理废除妨碍全国统一市场和公平竞争的存量政

策。建立违反公平竞争问题反映和举报绿色通道。加强和改进反垄断和反不正当竞争执法，特别是针对个别行业存在的滥用市场支配地位现象，要加大执法力度，提高违法成本。严厉打击制售假冒伪劣商品违法行为，建立惩罚性巨额赔偿制度，增强打击侵权假冒违法行为的震慑力。针对垄断行业、公用事业、新兴领域以及涉及百姓消费利益的重大事件，建立集体诉讼制度，加大诉讼力度。培育和弘扬公平竞争文化，进一步营造公平竞争的社会环境。

二是强化市场法治保障。社会主义市场经济本质上是法治经济，资本活动要依法进行。完善经济领域法律法规体系。健全以公平为核心原则的产权保护制度，清理有违公平的法律法规条款。完善物权、债权、股权等各类产权相关法律制度，从立法上赋予私有财产和公有财产平等地位并平等保护。健全破产制度，改革完善企业破产法律制度，推动个人破产立法，建立健全金融机构市场化退出法规，实现市场主体有序退出。修订反垄断法，推动社会信用法律建设，维护公平竞争市场环境。按照包容审慎原则推进新经济领域立法。健全重大改革特别授权机制，对涉及调整现行法律法规的重大改革，按法定程序经全国人大或国务院统一授权后，由有条件的地方先行开展改革试验和实践创新。健全执法司法保障机制。深化行政执法体制改革。根据不同层级政府的事权和职能，按照减少层次、整合队伍、提高效率的原则，合理配置执法力量。最大限度减少不必要的行政执法事项，规范行政执法行为，进一步明确具体操作流程。加快推进综合执法，重点在食品药品安全、市场监管、公共卫生、安全生产、文化旅游、资源环境等领域内推行综合执法。强化对市场主体之间产权纠纷的公平裁判，完善涉及查封、扣押、冻结和处置公民财产行为的法律制度。健全涉产权冤错案件有效防范和常态化纠正机制。

三是不断拓展资本发展空间。为实体经济服务是资本市场的重要职能，要多措并举，在提升市场化程度、完善多层次市场体系以及稳步推进对外开放等方面强化资本市场改革力度，引导资本在实体经济中发挥积极作用。要提升资本市场的市场化程度，秉承建制度、不干预、零容忍，“让市场在资源配置中发挥决定性作用”原则，着力围绕市场活力和韧性的高效形成，按照“放管服”措施要求，放松和取消不适应发展需要的管制，不断提高资本市场制度供给质量，着力构建稳定、可预期的政策环境，稳定市场预期，提高交易机制的流动性、再融资制度的便利性、股权激励制度的适当性、并购重组制度的灵活性。充实完善《市场准入负面清单》，进一步减少和简化行政审批事项，强化规则治理，完善交易制度，降低交易税费，不断增进交易自由，提高市场流动性，打通经济“微循环”，有力促进资本市场发挥价格发现功能。构建与处于不同生命周期的企业相匹配的融资方式和交易场所，满足不同风险偏好投资人的需求，向不同类型和层级的企业提供多元化融资服务。根据企业成长周期，在不同层次的资本市场之间优化转板机制，打通中小微企业成长上升通道，打造错位发展、功能互补、有机联系的市场体系，建立合理的升降级通道，充分利用转板制度来联通协调各层次市场的有序发展。稳步推进资本市场对外开放，积极引入成熟市场规则、投资理念和治理经验，深化境内外市场互联互通，不断提高我国资本市场在全球范围配置资源能力。

四是鼓励各种形态的资本发展。社会主义市场经济中必然会有各种形态的资本，要鼓励各种形态的资本共同发展。其一，鼓励新形态的资本健康发展。资本具有嬗变的特征，在不同时代呈现为不同的特点。第二次世界大战后，伴随技术的发展和经济的全球化，资本形态主要表现为科技资本、跨国产业资本、全球金融资本等；2008年国际金融危机以来，资本在金融、科技、货币体系等方面裂变出新的形态，主要表现为金融资本、平台资本、数据资本等；未来，资本还可能演变为其他种形态。不论是哪种形态的资本，只要有利于发展社会主义市场经济，都应该予以鼓励、支持和引导。其二，维持一定水平的资本形成率。国际经验表明，在发展过程中维持一定水平的资本形成率至关重要。美国作为高度发达国家，20世纪70年代以来资本形成率基本都维持在20%以上；日本从20世纪70年代至20世纪末的资本形成率基本维持在30%以上，韩国从20世纪70年代末至今的资本形成率大体维持在30%以上，这两个国家都成功跨越了“中等收入陷阱”，迈入了高收入国家群体；而阿根廷、巴西、墨西哥等拉美国家，20世纪60年代以来的资本形成率很少超过30%，特别是阿根廷和巴西自20世纪80年代以来的资本形成率大多数时候甚至低于20%，这些国家都落入“中等收入陷阱”。改革开放以来，我国资本形成率均在30%以上，2008年国际金融危机之后更是超过了40%。参考国际经验，未来要将我国资本形成率维持在30%以上，成功跨越“中等收入陷阱”后可相机抉择降低至20%以上。其三，激励民间资本发挥作用。与国有资本、集体资本相比，民间资本更加灵活、更有效率。我国城镇固定资产投资完成额中民间资本投资占比超过一半，2005—2013年城镇固定资产的民间资本投资同比增速均在20%以上，但是2014年以来，民间资本投资同比增速突然下滑，到2020年同比增速只有1%。要不断完善营商环境，保护和激发市场主体特别是民间资本的活力，激励民间资本实现更大发展。

（三）健全资本监管机制和反垄断机制，完善驾驭资本的政策体系，充分发挥全国一盘棋的政策优势

资本的二重性决定了资本无序扩张、无序竞争的固有本性和垄断趋势。当前，核心任务是要建立常态化的资本监管机制和反垄断机制，完善资本健康发展的政策体系。

一是完善资本监管机制，引导资本规范健康发展。首先，在法治的轨道上推动资本市场规范健康发展。要进一步完善反垄断法。2020年1月国家市场监督管理总局公布的《反垄断法修订草

案（公开征求意见稿）》对于当下的新变化相应作出了针对性的调整，但对于新经济领域反垄断的修改和完善还尚不充分。根据新经济中资本运行的规律，有必要将数据控制能力纳入市场地位认定，提高技术力量在认定市场支配地位时的所占权重，完善必需设施原则在《反垄断法》中的适用，以及将隐私保护纳入反垄断法立法目的和价值体系，对消费者的数据隐私给予直接的保障。此外，除修订《反垄断法》外，还需要更新和完善更具有阶段性、灵活性的相关配套性法规。由于数字平台本身的平台和市场双重属性，涉及科技、商业、金融多个领域，仅仅通过一部《反垄断法》难以解决目前存在的种种问题。未来的反垄断监管还要进一步与隐私保护、反不正当竞争、消费者权益保护等协调并进、共同发展，才能解决现实中多领域交叉发展问题。其次，监管的方式要由“运动式监管”转向常态化、精细化监管。有针对性地加大重点领域监管力度是未来反垄断领域的大趋势，需要由碎片化、缺乏统筹性的“运动式”监管转向事前明确底线、事中及时调控，有效防止竞争损害结果的发生，构建充分保障市场竞争的全面、可持续监管体系架构。《反垄断法（修正草案）》明确提出反垄断执法机构应当加强民生、金融、科技、媒体等领域经营者集中的审查，对于以上行业，相关政府部门的审查要更加全面、标准也要更加严苛。如对于资本的无序扩张，需要防范系统性风险，强调分业经营、分业监管。对于非银行的平台金融板块，需要防范内部风险传导，对金融板块与互联网科技企业进行隔离。

在以数字技术“重塑”平台基础设施治理体系，进而打造新数字经济市场监管结构的过程中，通过创新科技的使用实现对监管对象的有效监控，这将成为来来监管的新方向。新发展阶段的市场监管趋势侧重于监管者依靠科技手段获取信息，进行实时、动态的监管，从而解决监管信息不对称和消除法律滞后性弊端，提高监管效率，降低监管成本，保障经济高质量发展。再次，创新监管思路，推进事前监管、协同监管。传统的监管模式以事后惩戒为主，然而处罚并非监管的目的，特别是在以动态创新为特点的数字经济时代，单纯依靠事后执法并不能取得十分理想的效果，需要将传统的事后处罚进一步前置化，在行为的实施阶段对其进行一定的限制，弱化传统的事后处罚机制，在市场集中度越来越高的情况下，营造法治化、有序竞争的营商环境，引导企业合规经营，围绕自身构建的生态系统进行投资和创新。同时，由于平台监管是一个多维度、多主体、多手段的综合治理过程，涉及复杂的市场参与主体，既包括政府对平台行为的管制，也包括企业自身全方位的合规。

二是完善反垄断机制，促进形成公平竞争的市场环境。反垄断是维护社会主义市场经济条件下发挥资本积极作用的必然要求和重要途径。近年来，垄断企业并购初创企业和恶意排他行为成为市场上值得关注的现象。反垄断的核心要义就是针对垄断企业的垄断行为，在强调市场第一性的同时，承认且重视政府依法科学有效监管的价值与作用，有效防止资本无序扩张，维护市场公平自由的竞争秩序，促进形成公平竞争的市场环境。首先，加快健全完善公平竞争法律规则体系。坚定不移走中国特色社会主义反垄断法治道路，不断完善公平竞争法律规则体系。积极配合全国人大常委会法工委加快修订《反垄断法》，修订经营者集中反垄断申报标准，健全反垄断配套立法，完善反垄断指南体系，为市场主体提供公平、透明、可预期的行为指引。以反垄断执法机构调整为契机，加快完善程序性制度和操作性规范，提升反垄断监管的法治化、规范化、科学化水平。其次，进一步加强和改进反垄断监管执法。强化担当作为，切实履职尽责，在更深层面、更大力度、更高水平上加强和改进反垄断监管执法。健全市场竞争状况评估和预警制度，强化风险研判和预警，增强监管前瞻性和针对性。聚焦高质量发展要求和人民群众反映强烈的问题，加强平台经济、科技创新、信息安全、民生保障等重点领域反垄断监管，促进经济持续健康发展。着力查办重大典型案件，充分发挥警示示范作用，促进市场竞争秩序整体规范。坚决打破地方保护和市场分割，进一步健全公平竞争审查机制，加强滥用行政权力排除、限制竞争执法，维护全国统一大市场，在执法为民中践行初心和使命。再次，全面提升反垄断监管权威和执法效能。充分发挥国务院反垄断委员会作用，完善信息共享、综合研判和政策沟通等工作机制，加强行政执法和司法保护衔接、经营者集中反垄断审查等协同联动，推进线上线下一体化、事前事中事后全链条全领域监管，全面提升反垄断监管权威和执法效能。充实反垄断监管执法力量，着力打造一支政治强、业务精、作风硬、年轻化的反垄断监管执法队伍。最后，全面推动竞争领域制度型开放。反垄断是国际通行贸易规则，依托联合国贸发会议、经合组织、中欧竞争政策周等多双边平台，适时举办中国竞争政策宣传周和中国竞争政策国际论坛。健全完善典型垄断案件发布制度，及时发布中国反垄断执法年度报告，不断提高中国反垄断国际影响力。加强企业境外反垄断合规指导，防范境外反垄断法律风险。积极推动将竞争政策和反垄断议题全面纳入多双边经贸协定谈判，加强“一带一路”沿线国家反垄断交流合作。

第十章
新发展阶段促进重点领域资本健康有序发展

资本是社会主义市场经济的重要生产要素，在社会主义市场经济条件下规范和引导资本发展，既是一个重大经济问题，也是一个重大政治问题；既是一个重大实践问题，也是一个重大理论问题。必须深化对新时代条件下我国各类资本及其作用的认识，规范和引导资本健康发展，发挥其作为重要生产要素的积极作用，促进金融、平台、文化、民生、生态等重点领域资本健康有序发展。

一、促进金融资本健康有序发展

经济是肌体，金融是血脉，两者共生共荣。金融资本是否健康有序发展，在某种程度上决定了经济能否健康发展。要抓住非金融资本向金融领域扩张、违规金融资本急剧膨胀和野蛮生长、国际“热钱”在金融领域开展投机活动等主要问题，多措并举促进金融资本健康有序发展。

（一）促进金融资本健康有序发展的意义

金融是国家重要的核心竞争力，金融安全是国家安全的重要组成部分，金融制度是经济社会发展中重要的基础性制度。[①]促进金融资本健康有序发展，具有重要的意义和价值。

一是有利于金融回归服务实体经济的本源。金融伴随实体经济的存在而存在，伴随实体经济的发展而发展，金融服务实体经济是根本。当实体经济增速放缓，实体经济回报率低于金融领域回报率，在风险套利、监管套利、价格套利、期限套利等因素的诱导下，金融呈现“脱实向虚”的迹象，不仅恶化了实体经济健康发展的环境，而且积累了大量的风险隐患。促进金融资本健康有序发展，就是要强化金融服务功能，找准金融服务重点，切实扭转金融“脱实向虚”的方向，让金融回归服务实体经济的本源。

二是有利于维护国家金融安全。“2008年爆发的国际经济金融危机告诉我们，放任资本逐利，其结果将是引发新一轮危机。”[②]2008年国际金融危机，就是放任金融资本无序发展导致的，危机背后的逻辑在于，金融机构无节制地开展金融创新活动，将简单的债权债务关系加以包装，变成一系列金融衍生品，不仅掩盖了原始金融产品的本质，也使得金融风险呈指数倍上升，最终

① 《习近平谈治国理政》第2卷，外文出版社2017年版，第278页。

② 《习近平谈治国理政》第2卷，外文出版社2017年版，第524页。

爆发了影响深远的国际金融危机。促进金融资本健康有序发展，就是要在促进金融创新与防范金融风险之间寻找平衡点，防范化解金融风险特别是防止发生系统性金融风险，最终维护国家金融安全，这是金融工作的根本性任务。

三是有利于增强制度优越性和竞争力。作为经济社会发展中重要的基础性制度，社会主义市场经济下的金融制度，要有区别于其他市场经济的金融制度。区别在于金融资本开展活动，除了要以服务实体经济为本，还要以服务人民生活为本，满足经济社会发展和人民群众需要；区别还在于防范金融风险特别是守住不发生系统性金融风险是底线，金融资本的一切活动，都要致力于守住这个底线。通过促进金融资本健康有序发展，夯实金融制度，可以不断提高社会主义市场经济的竞争力，增强社会主义制度的优越性。

（二）金融资本市场存在的主要问题

在我国发展过程中，金融的某些领域、某些环节存在资本无序扩张的现象，降低了金融服务实体经济的效能，提高了金融风险，具体体现在三个方面。

其一，非金融资本向金融领域扩张。在高速发展过程中，金融领域的回报率确实会比有些实体经济的回报率更高，这就驱使非金融资本向金融领域扩张，主要有两种扩张类型。一种类型是有关联性的非金融资本扩张。[①]比如，为了融资便利，房地产企业投资参股甚至控股商业银行、产业基金或其他金融机构，2013年房地产企业万科就入股了徽商银行；再如，为了销售便利，汽车制造企业成立汽车金融公司、消费金融公司，目前我国有25家汽车金融公司（合资8家、外资7家、中资10家）。另一种类型是无关联性的非金融资本扩张。为了提高技术应用能力，科技公司向金融科技扩展并开展多样化金融业务，甚至直接申请金融牌照，比如各类网商银行。

其二，违规金融资本急剧膨胀和野蛮生长。金融领域存在一些违规的资本扩张，形式包括但不限于互联网平台违规从事网络借贷、理财、保险等金融活动，民间借贷盛行，影子银行隐性扩张等，这些违规金融资本急剧膨胀和野蛮生长，加剧了金融风险的累积。以影子银行为例，中国银保监会发布的《中国影子银行报告》显示，截至2019年末，我国广义的影子银行规模高达84.8万亿元，狭义的影子银行规模也有39.1万亿元，特别是包括同业特定目的载体投资、同业理财和投向非标债权及资管的银行理财、委托贷款、信托贷款、网络借贷P2P贷款和非股权私募基金等在内的狭义的影子银行，风险更高[②]，截至2022年3月仍有29万亿元左右，需要继续化解风险。

① 参见郑联盛、蒋照辉：《资本无序扩张：表现、风险、根源与应对》，《中国发展观察》2022年第2期。

② 中国银保监会政策研究局课题组、中国银保监会统计信息与风险监测部课题组：《中国影子银行报告》，《金融监管研究》2020年第11期。

其三，国际“热钱”在金融领域开展投机活动。国际资本流动是一个正常现象，我国经济发展也需要国际资本带来更多活力。但是在全球宽松的宏观政策背景下，以短线、套利和投机为特点的国际“热钱”，绕开合格境外机构投资者（QFII）、沪深港通、投资特定期货品种等外资进入我国的正规方式，通过在我国境内设立贸易公司，以套期保值名义开展证券、期货交易。[①]这些国际“热钱”在金融领域开展的投机活动具有量化交易、高频交易的特点，交易涨跌趋同、资金大进大出，加剧了我国金融市场的风险。

（三）促进金融资本健康有序发展的主要措施

金融活，经济活；金融稳，经济稳。促进金融资本健康有序发展，对平衡稳增长与防风险起着至关重要的作用，要多措并举。

一是设置金融资本边界。为金融资本设置“红绿灯”，是促进金融资本健康有序发展的首要举措。一方面，强化金融持牌监管。金融是一个特殊行业，一定要持牌经营，但是仍存在一些“无照驾驶”的非法金融活动，严重干扰我国金融秩序，带来巨大的金融风险隐患。要完善《中国人民银行法》《反垄断法》等相关法律，适时制定《金融稳定发展法》，界定各项法律边界；

① 参见刘新华：《坚决遏制资本无序扩张　引导金融更好服务实体经济》，《证券日报》2022年3月7日。

要完善金融业务监管规则，补齐以地方金融业务监管为代表的制度短板，明确持牌的边界和内容，严厉打击“无照驾驶”行为。另一方面，控制金融资本过度扩张。采取“沙盒监管”的方式，科学规范金融创新，促进市场有真实需求的金融创新业务稳妥有序发展；采取“穿透式”监管的方式，对金融产品进行“穿透式”监管，严格控制金融衍生品的层级，严格控制金融交易的杠杆。

二是建立多层次高质量的金融供给体系。以服务实体经济为本，构建风险投资、银行信贷、债券市场、股票市场等全方位、多层次金融供给体系，优化金融服务结构，提高金融供给质量。风险投资方面，发挥政府产业基金、引导基金等带动作用，发挥绿色金融、“三农”金融等特色产品的示范作用，鼓励民营资本支持实体经济健康持续发展。银行信贷方面，要构建多层次、广覆盖、有差异的银行体系，积极开发个性化、差异化、定制化金融产品，促进中小银行等金融机构的发展壮大。债券市场方面，完善债券市场法制，建立完善制度健全、竞争有序、透明开放的多层次债券市场体系，进一步推动公司信用类债券市场改革开放和高质量发展。股票市场方面，全面推进注册制改革，完善退市制度、集体索赔制度，强化风险监管。其他金融产品方面，规范资产证券化、资产管理等业务，强化互联网金融监管。

三是构建国家金融安全体系。守住不发生系统性金融风险的底线，织牢国家金融安全网。要夯实金融监管的基础性制度，协调抓住宏观审慎管理和微观行为监管，完善准入制度、交易监管等改革，加强金融基础设施建设，建立金融风险监管问责机制。要构建金融风险防范体系，从宏观、中观、微观不同层次，建立金融风险监管指标体系，动态监测国际、国内经济和金融市场变化，设立金融风险预警机制，建立金融风险处置预案。要提高开放条件下金融风险防控能力，扩大金融高水平双向开放，相机抉择开征短期资本税，参与国际监管规则制定，提高参与国际金融治理能力。

二、促进平台资本健康有序发展

当今世界，以大数据、云计算和人工智能等为代表的新一轮科技革命和产业变革蓬勃兴起，引领和驱动了平台经济的快速发展。平台经济是我国数字经济的重要组成部分，是由数据驱动、平台支撑、网络协同的经济活动单元所构成的经济新形态，对推动经济社会发展有着重要意义。党的十八大以来，党中央高度重视平台经济的发展。习近平总书记多次强调："推动平台经济规范健康持续发展。"[①] 当前，我国平台经济发展正处在关键时期，要实现平台经济的健康发展，最关键的是需要正确认识平台资本的特点和行为规律，在充分发挥资本作为生产要素积极作用的同时抑制其消极作用，支持和引导平台资本健康有序发展。

① 《习近平主持召开中央财经委员会第九次会议强调　推动平台经济规范健康持续发展　把碳达峰碳中和纳入生态文明建设整体布局》，《人民日报》2021年3月16日。

（一）促进平台资本健康有序发展的意义

近年来，平台经济已经日益融入了经济社会发展各领域全过程，发展速度之快、辐射范围之广、影响程度之深，在促进经济发展、推动技术进步、带动就业等方面发挥了积极作用，其地位和影响越来越凸显。促进平台资本的健康有序发展，对于实现经济高质量发展、推动建设现代化经济体系、落实以人民为中心的发展思想具有非常重要的意义。

第一，有利于实现平台经济的高质量发展。高质量发展是体现新发展理念的发展。要实现平台经济的高质量发展，就需要引导和支持平台资本的扩张遵循新发展理念健康有序进行，鼓励资本投入以科技创新为核心的全面创新之中，进入符合国家战略的高新技术产业和战略性新兴产业，不断加强互联网核心技术自主创新，集中力量解决“卡脖子”问题。通过促进资本在平台经济中的健康有序发展，可以推动技术和产业变革朝着信息化、数字化、智能化方向加速演进，提高全社会资源配置效率，畅通国民经济循环各环节，提高国家治理体系和治理能力的现代化水平，促进治理的智能化、全域化、个性化、精细化，实现平台经济的高质量发展。

第二，有利于推动建设现代化经济体系。我国要建设现代经济体系，实现社会主义现代化强国的目标，就需要牢牢抓住新一轮科技革命的历史机遇。平台经济是以人工智能和大数据分析为核心的新科技革命的产物。平台资本健康有序的发展可以充分发挥其积极作用，推动平台企业发展壮大，促进数字技术和实体经济深度融合，赋能传统产业转型升级。新冠肺炎疫情的暴发，使传统产业的转型升级不得不加速前行。一些完成了数字化转型升级的服务业在疫情期间逆势发展，通过线上咨询、线上教育、线上娱乐、远程办公等，实现了与消费者的直接对接，完成了现代化升级。同时，平台资本的健康有序发展能够创造新的经济增长点，推动新业态快速成长，创造巨大需求，带动大量新的就业岗位，促进新旧动能的加速转换，为建设现代化经济体系提供有力支撑。

第三，有利于落实以人民为中心的发展思想。平台经济有助于提高人们生产生活的便利化程度，提高公共服务的效率，降低社会经济生活中的交易成本。通过促进平台资本健康有序发展，加强反垄断和反不正当竞争，可以为各类市场主体和资本投资提供公平竞争的市场环境，防止具有支配地位的企业侵害消费者和中小企业利益，防止资本无序扩张对公共领域和社会福利造成的不利影响，促使平台经济的普惠性优势更加凸显，让全社会共享信息社会发展成果，切实落实以人民为中心的发展思想。

（二）平台资本市场存在的主要问题

在我国平台经济快速发展的过程中，也出现了资本无序扩张的现象，产生了负面的影响和危害。主要体现在三个方面：

第一，垄断问题。平台经济由于具有网络效应、多边市场结构、规模经济效应，使得大平台更加容易形成垄断。平台垄断在发挥规模经济效应、推动平台经济创新发展的同时，也会为了追求更多利润而凭借其垄断地位实施不正当竞争。比如，近年来国内外网约车行业发生多次平台间的混战，平台企业不惜以“烧钱”补贴司机和乘客的方式来击退竞争者。然后，在获得垄断地位之后往往是“变本加厉”地推出垄断价格，操纵市场进而破坏市场公平。再如，一些平台采取了要求商家“二选一”，大数据“杀熟”、附加不合理条件的捆绑销售，筑造新壁垒阻止竞争对手进入等方式，破坏了市场竞争秩序，抑制了技术创新，损害了其他市场参与主体和消费者的利益，给整个社会造成了严重的负面影响。

第二，过度金融化问题。金融是实体经济的血脉，为实体经济服务是金融的天职，是金融的宗旨。然而，过度金融化将让金融偏离为实体经济服务的角色。平台经济的快速发展受到了大量金融资本的青睐，同时也出现了过度金融化的问题。平台经济的过度金融化，导致了平台企业为了尽快实现股东利益而只重视短期变现，轻视回报周期长但有利于生产力发展的投资；倾向于通过价格战而非技术创新抢占市场，背离了平台技术创新的初衷；热衷于将平台金融业视为一个重要的扩张领域，发展支付工具，从事借贷业务，建立风投部门，盲目扩张市场。最终，金融资本支配了平台经济的发展，平台企业沦为了金融资本的工具。

第三，数据安全问题。数据是平台经济的核心竞争力。平台企业通过收集更多个人信息掌握了海量的消费者信息，通过挖掘细分领域信息掌握了包括医疗、导航、教育、街景等重要数据，为平台企业带来了巨大的经济利益和竞争力。同时，平台常常以各种隐蔽手段来收集相关数据，过度收集、过度开发数据的现象屡见不鲜，共享平台的用户信息安全、搜索平台的信息真实度等方面问题突出，信息安全、数据开放共享等方面缺乏相应的技术规范标准。因此，存在私人信息被泄露和被恶意利用的风险，给消费者带来较大的安全隐患，甚至给国家信息安全带来潜在风险。

（三）促进平台资本健康有序发展的主要措施

面向未来，我们要立足新发展阶段、贯彻新发展理念、构建新发展格局，充分发挥平台经济的海量数据优势，促进数字技术和实体经济深度融合，从构筑国家竞争新优势的战略高度出发，多举措促进平台资本健康发展，不断做强做优做大我国平台经济。

第一，设置好“红绿灯”，坚持平台资本发展和规范并重。加强对平台企业违法违规行为的治理，目的在于引导和促进平台经济健康发展。习近平总书记指出：“要坚持促进发展和监管规范两手抓、两手都要硬，在发展中规范、在规范中发展。”“要纠正和规范发展过程中损害群众利益、妨碍公平竞争的行为和做法，防止平台垄断和资本无序扩张，依法查处垄断和不正当竞争行为。要保护平台从业人员和消费者合法权益。”[①]因此，通过设置好“红绿灯”来发展和规范平台经济就显得尤为重要。红灯是规范，是平台经济发展的底线，根据相关法律法规对平台企业的无序扩张行为设立相应的红灯，用以确保平台各方的行为规范化、法治化。绿灯是引导，用于引导支持平台经济遵循新发展理念，满足新时代高质量发展要求。概言之，“红绿灯”的设置需要遵循平台资本发展的规律和特点，要设灯有据，灯数要少，红灯能停，绿灯能行。[②]

第二，增强创新发展能力，引导平台资本服务于技术创新。平台经济是技术进步的产物，推进技术创新是平台经济发展的核心动力。因此，需要营造优良的投资环境，引导平台资本投入技术创新，鼓励平台企业不断提高研发投入，积极开展平台科技创新。营造良好技术创新政策环境，加快人工智能、云计算、区块链、操作系统等领域的技术研发突破，鼓励平台企业加快数字化绿色化融合技术创新研发和应用，进一步健全适应平台企业创新发展的知识产权保护制度。

第三，加强数据保护，推动平台数据和算法安全监管。切实贯彻收集、使用个人信息的合法、正当、必要原则，严厉打击平台企业超范围违规收集个人信息，超权限调用个人信息行为，依法依规打击黑市数据交易、大数据“杀熟”等数据滥用行为。在

① 习近平：《不断做强做优做大我国数字经济》，《求是》2022年第2期。

② 参见蔡之兵：《平台经济如何设置红绿灯》，《学习时报》2022年4月6日。

严格保护算法等商业机密的前提下，支持第三方机构开展算法评估，引导平台企业提升算法透明度与可解释性，促进算法公平。同时，需要进一步完善数据安全法、个人信息保护法等，完善跨境数据流动监管制度，切实保护个人信息和数据安全。

第四，健全平台发展规章制度，完善平台经济治理体系。针对平台经济的发展，我国修订了《反垄断法》，相继颁布了《国务院反垄断委员会关于平台经济领域的反垄断指南》《国家发展改革委等部门关于推动平台经济规范健康持续发展的若干意见》等，通过健全平台发展规章制度，规范网络不正当竞争行为，引导平台经济健康有序发展。同时，在党的领导下需要充分促进多方协同治理，厘清平台责任边界，强化超大型互联网平台责任，鼓励行业协会牵头制定行业自律公约和标准，完善平台经济发展的多方评价体系，提升平台经济治理能力，完善平台经济治理体系，推动平台行业有序健康发展。

三、促进文化资本健康有序发展

文化资本是我国资本要素的重要形式，也是推动我国经济社会发展的重要动力。实际上，“红绿灯”的设置不仅包括金融资本、平台资本，也包括具有较强隐蔽性的文化资本。面对世界百年未有之大变局，保证文化资本的健康有序发展事关我国的文化与意识形态安全，事关我国经济社会的健康发展，事关中华民族伟大复兴中国梦的实现。有鉴于此，要保证我国文化资本的健康有序发展，营造风清气正的社会文化氛围，促进我国文化事业、文化产业的繁荣，维护我国的意识形态安全。

（一）促进文化资本健康有序发展的意义

第一，促进文化资本健康有序发展有助于推动我国文化产业的繁荣，满足人民群众日益增长的文化需求。习近平总书记指出，要“完善公共文化服务体系，深入实施文化惠民工程，丰富群众性文化活动”[①]。党的十八大以来，我国高度重视文化事业和文化产业的发展，并通过规划文化资本的发展方式、路径等手段来推动我国文化市场在规模与质量上的提升。文化资本的健康有序发展一方面可以为人民群众提供喜闻乐见的文化产品（比如歌曲、戏剧、影视作品），丰富人民群众的精神文化生活；另一方面还可以充分发挥“上层建筑的能动作用”，为我国经济的高质量发展提供活力，推动我国经济的高质量发展。

第二，促进文化资本健康有序发展有助于推动我国社会主义意识形态建设。根据唯物史观，“人们的意识，随着人们的生活条件、人们的社会关系、人们的社会存在的改变而改变”[②]。随着改革开放的推进，我国国内外社会环境较以往发生了变化，因此，作为上层建筑组成部分的意识形态的内部构成也发生了变

① 《习近平谈治国理政》第3卷，外文出版社2020年版，第34页。

② 《马克思恩格斯文集》第2卷，人民出版社2009年版，第50—51页。

化。换言之，随着我国社会利益的分化与复杂化，我国思想文化领域的分裂与分化趋势不断凸显。因此，合理利用文化资本关系到我国意识形态建设以及人民群众精神文化生活的丰富。一方面，文化资本可以推动弘扬社会主义核心价值观，比如，文化资本可以通过多种方式在电视卫视、商业中心、网络媒体等领域宣传重大理论成果，形成一种全景式、立体化、生动化的宣传合力，这显然要比单向的理论说教更行之有效。另一方面，文化资本可以建设或升级贫穷边远地区的文化基础设施，在进一步丰富贫穷边远地区民众文化生活的同时进一步挖掘相关地区的传统文化资源并实现有效利用，从而实现优势互补。

第三，推动文化资本健康有序发展有助于进一步讲好中国故事，推动中国文化走出去，提高我国文化软实力与国际影响力。习近平总书记指出，要“推进国际传播能力建设，讲好中国故事，展现真实、立体、全面的中国，提高国家文化软实力”①。当前，我国对外宣传的路径主要依靠国家力量展开，这虽然有助于在对外宣传中塑造“统一化”国家形象，但却存在宣传模式、宣传路径较为单一等缺点，而文化资本的介入则有助于进一步拓宽我国对外文化交流的深度和广度。具体而言，一方面，文化资本可以同影视作品等文化产品进一步融合，从而在“走出去”的过程中发挥更大效用，比如，当前我国的一些优秀电影、电视剧等逐渐

① 《习近平谈治国理政》第3卷，外文出版社2020年版，第35页。

被翻译成多国语言并走出国门，在全球文化市场中引起了广泛关注，这有助于增强国际社会对中国文化的了解。另一方面，文化资本也有助于推动中国传统文化的创新性发展和创造性转化，并进一步增强我国传统文化的鲜活性和影响力，进一步向国际社会传递中国声音，增强我国的文化软实力。

（二）文化资本市场存在的主要问题

第一，文化资本对泛娱乐主义、个人主义等重要社会思潮以及社会心态的塑造。文化资本最为普遍的表现便是对社会文化的泛娱乐化的塑造以及对娱乐市场的推动作用。当前，在文化资本的驱动下，一些电视节目的“娱乐”功能被过分放大，并不断超越其边界向严肃领域渗透，这也导致娱乐新闻而非政治、民生新闻更多占据热搜榜单，对我国的整体思想文化氛围以及社会价值观的塑造产生了重要影响。又如，个人主义主张不惜一切手段达到自我目的，这与社会主义基本道德原则相对立。然而，个人主义在我国仍有庞大受众市场，尤其是对世界观、人生观和价值观还处于成长期的青少年群体产生了较大影响，这对我国社会主义核心价值体系的构建带来了挑战。

第二，文化资本对于大数据算法的裹挟。当前随着资本在我国各领域的扩张，大数据领域成为资本发挥效力的主阵地。比如，在俄乌冲突中，以脸书、谷歌、推特等为代表的西方资本媒体采用精密的算法推荐来影响世界民众对该事件的认知，甚至颠倒黑白、混淆是非，意在掌控舆论主导权。显然，当文化资本同大数据技术相结合便会产生较大的文化影响力与舆论主导权。当前，随着大数据技术的发展，一些国内外资本团体具有了对大数据的垄断权，相关资本团体甚至基于数据垄断致力于对民众推送“选定信息”，迫使民众接收“茧房化”社会信息，从而影响民众的价值判断甚至政治判断，导致一些社会问题扩大化、极端化，甚至对民众进行政治诱导，这需采取果断手段加以监管。

第三，文化资本助推了西方对华意识形态的渗透。在文化资本逐利性的推动下，当前西方国家试图通过其掌握的宣传媒介对我国民众的思维模式进行意识形态再塑。一方面，西方国家企图通过教育留学等文化交流项目对我国民众进行意识形态渗透，试图向我国思想文化领域灌输西方价值观，培养西方代理人。在此过程中，西方国家试图通过学术交流、项目资助、社会活动等方式来展开对中国留学生群体的“围攻”与渗透，试图在我国政府、社会组织等领域培养“亲西方”的代理人。另一方面，以好莱坞为代表的西方文化资本行业通过向我国输出影视作品等途径，试图以潜移默化的方式影响我国民众的价值观、思维模式、生活模式，这容易造成我国民众（尤其是青少年群体）对中华传统文化的漠视，甚至会引发历史虚无主义思潮。

（三）促进文化资本健康有序发展的主要措施

第一，为资本在文化领域的发展坚决设置“红绿灯”。文化资本的逐利性必然导致其在我国思想文化领域发展的无序性，这可能会对我国的意识形态安全造成隐患。因此，要合理为文化资本设置“红绿灯”，以保证我国思想文化的健康发展。首先，对于一般性的文化事业和文化产业要合理设置绿灯；这有助于推动我国文化市场在规模和质量上进一步发展，有助于为我国经济社会发展提供强力的文化支撑。其次，对教育等关乎我国文化安全和意识形态安全的行业进行严格限定。比如，教育行业涉及为我国社会主义现代化建设培养接班人的重任，而受教育期间的青少年群体则正处于世界观、人生观、价值观的形成期，因此，要严防文化资本对于青少年群体思想文化的影响，严格防范文化资本在教育等领域发挥效力的范围和力度，保证青少年群体正确意识形态观的塑造，更好维护我国的意识形态安全。

第二，正确引导资本在我国文化产业领域的布局和发展。可以认为，将资本划分为公有资本和私有资本是中国特色社会主义经济理论的重大创举，这有利于发挥资本对社会生产的推动作用，也有利于规避资本无序扩张带来的诸多社会问题，这一点同样适用于文化资本。具体而言，要基于文化资本的不同类型来引导其在公有经济和非公有经济的合理布局。可以引导一般性文化产业向非公有领域合理发展，这有助于实现文化产业的快速发展，满足人民群众日益增长的文化需求。与此同时，对于教育等关系我国未来文化发展的关键领域要坚决发挥国家主导作用，毫不动摇地坚持其在公有领域的布局，保证我国的文化安全以及意识形态安全。唯有如此，才能发挥文化资本作为生产要素的积极作用并有效防范其消极作用。

第三，严防西方对华意识形态渗透。当前，随着我国综合国力和国际影响力的增强，西方国家越来越倾向于通过意识形态渗透在我国思想文化领域制造混乱，并煽动颜色革命。因此，一方面，要严格规范西方文化资本对我国输出的程序合法性、内容规范性，尤其要严格审查充满意识形态色彩且夹带私货的文化产品的对华输出；与此同时，还要大力发展弘扬社会主义主旋律的国内文化产品，增强民众的文化自觉性与自信心。另一方面，要大力弘扬我国的优秀传统文化，实现我国优秀传统文化的创造性转化和创新性发展。改革开放以来，随着西方文化的强势介入，我国部分民众产生了“崇洋心态”，在一些青少年群体中甚至出现了崇拜西方英雄人物、西方传统节日等现象，这容易在我国滋生历史虚无主义心态，需要加以规范。此外，我国的教材体系也要进一步优化，要打造具有中国特色的哲学社会科学教材体系，培养合格的社会主义建设者和接班人。

四、促进民生资本健康有序发展

（一）促进民生资本健康有序发展的意义

促进民生资本健康有序发展是中国共产党人初心和使命的重要体现。习近平总书记指出，中国共产党人的初心和使命，就是为中国人民谋幸福，为中华民族谋复兴。从历史上看，在新民主主义革命时期，我们党团结带领全国各族人民推翻帝国主义、封建主义、官僚资本主义三座大山，为的是人民幸福和民族复兴。新中国成立后，我们党团结带领人民完成社会主义革命，确立社会主义基本制度，推进社会主义建设；改革开放以来，我们党团结带领人民进行改革开放新的伟大革命，破除阻碍国家和民族发展的一切思想和体制障碍，开辟了中国特色社会主义道路，所有这一切也都是为了人民幸福和民族复兴。进入新时代，党和国家事业发生历史性变革，尤其是打赢脱贫攻坚战、全面建成小康社会，人民生活水平迈上了新台阶。人民幸福首先就要民生有保障，这就要求民生资本健康有序发展。

促进民生资本健康有序发展是以人民为中心的发展思想的必然要求。人民性是马克思主义最鲜明的品格，以人民为中心的发展思想是习近平新时代中国特色社会主义思想的重要内容。以人民为中心的发展就是把人民群众作为经济社会发展的出发点和落脚点，在发展中增进人民福祉、促进人的全面发展、扎实推动共同富裕。以人民为中心的发展是对以资本为中心发展模式的扬弃，要求驾驭资本，鼓励引导资本促进经济社会发展和民生事业进步。以人民为中心的发展就要求民生资本兼顾经济利益和民生效益，实现民生资本健康有序发展。

促进民生资本健康有序发展是实现“十四五”规划民生目标的必然要求。“十四五”规划提出了今后5年的民生福祉目标，要求实现更加充分更高质量就业，居民收入增长和经济增长基本同步，分配结构明显改善，基本公共服务均等化水平明显提高，全民受教育程度不断提升，多层次社会保障体系更加健全，卫生健康体系更加完善，脱贫攻坚成果巩固拓展，乡村振兴战略全面推进。资本是组织生产的重要生产要素，民生资本的健康有序发展对于民生资源的充分供给和有效分配至关重要。"十四五"规划民生目标的顺利实现离不开民生资本的健康有序发展。

（二）民生资本市场存在的主要问题

在收入分配领域，收入分配差距较大，资本与劳动关系需要进一步优化。国际上通常使用基尼系数来衡量特定国家的居民收入差距，基尼系数超过0.4就说明该国居民收入差距较大。中国的基尼系数在改革开放初为0.28，1992年首次超过0.4，经过短暂波动后，从1996年开始一直保持在0.4以上且持续增长，2008年达到0.491，短暂波动下降后从2016年开始再次上升。[①]劳动者报酬占国民总收入的比重较低是其中一个重要原因。改革开放以来，我国确立了以按劳分配为主体、多种分配方式并存的分配制度，但是在由计划经济向市场经济转型的过程中，工会和政府在劳动者报酬的决定机制和增长机制中长期缺位，资本相对于劳动在收入分割上更为强势，导致劳动者在收入分配中往往处于不利

① 参见李实：《中国特色社会主义收入分配问题》，《政治经济学评论》2020年第1期。

地位，劳动者报酬的增长一度长期低于劳动生产率的增长、低于利润率的增长。党的十八大以来，这种情况有所改善，但是与实现共同富裕所要求的市场工资形成机制还有一定差距，需要进一步优化资本与劳动间的关系。

在住房、教育等公共产品供给方面，资本属性需要进一步弱化。从政治经济学的视角看，住房、教育等公共产品是一种特殊的商品，它们属于劳动力再生产所需商品组合的关键部分，它们生产、分配和消费的充足与否、均衡与否直接关系劳动力再生产能够顺利实现的程度。因此，住房、教育等公共产品生产与供给的首要目的是满足客观的需要，而不是包含投资、投机等在内的市场需求。整体而言，当前住房、教育等公共产品的供给，民生属性需要进一步凸显，资本属性需要进一步弱化。以住房为例，2002年后，中国住宅不动产价格一路走高，全国年平均增长率达到15%，一些城市甚至达到20%，特别是2007年、2009年和2015年，一二线城市的房价年增长率更是高达40%以上。[①]住房价格的快速上涨和一二线城市住房的供不应求，除了城市化、住房改善等因素推动外，投资和投机等因素也不容小觑。事实上，有研究表明中国住宅不动产存在泡沫，且2015—2019年存在泡沫扩大现象。

在巩固脱贫攻坚成果、扎实推进共同富裕方面，民生资本的

---

① 参见杨晃、杨朝军:《基于房价和租金视角的中国住宅不动产泡沫研究》,《管理现代化》2021年第5期。

作用有待进一步增强。全面建成小康社会后，巩固脱贫攻坚成果成为实施乡村振兴战略的重头戏。与此同时，我国已经从侧重先富带动后富迈向了扎实推进共同富裕的阶段。在巩固脱贫攻坚成果、扎实推进共同富裕方面，民生资本需要大有作为，也能够大有作为。例如，在脱贫攻坚战中，国资央企定点帮扶了248个国家扶贫开发工作重点县，承担了1.2万个各类扶贫点任务；大力开展通信扶贫，累计投入超过2000亿元，使贫困村通光纤、通4G均超过98%；累计在贫困地区投入医疗帮扶资金22亿元，援建（捐建）医院、乡村卫生所2600多所；累计援建产业扶贫项目5万多个，扶持乡村龙头企业和农村合作社1.2万个，引进扶贫企业2400多家，带动投资200多亿元；累计投入教育帮扶资金54亿元，援建学校2400多所，资助贫困学生110多万名。①在疫情防控中，截至2020年4月14日，全国共有110589家民营企业通过捐款捐物、设立基金等方式支持疫情防控，其中捐款172.22亿元，捐物价值119.27亿元，设立基金61.81亿元。②

（三）促进民生资本健康有序发展的主要措施

在收入分配领域，进一步优化资本与劳动的关系。中国特色社会主义市场经济追求的是以人民为中心的发展，将人民群众的

① 参见国务院国资委党委：《在脱贫攻坚中彰显国资央企使命担当》，《求是》2021年第4期。

② 参见《全国工商联发布〈中国民营企业社会责任报告（2020）〉》，中华全国工商业联合会，http：//www.acfic.org.cn/yw/qlyw/202012/t20201231_251187.html.

利益作为经济社会发展的出发点与落脚点，使人民群众能够共享经济社会发展的红利。从衡量指标上看，要使城乡居民收入水平和经济增长同步，要使劳动者报酬和生产率提高同步。从改进措施上看，其一，坚持和完善以按劳分配为主体、多种分配方式并存的分配制度。其二，弥补劳动者权益保护体制与机制存在的薄弱环节，改变工会和政府在劳动者报酬的决定机制和增长机制中长期缺位的情况，有效推进雇佣双方集体谈判、政府协调管理的工资形成机制。其三，根据经济社会发展水平及时调整最低工资水平。其四，加大再分配的力度，切实让再分配起到有效调节收入分配差距的作用。

在住房、教育等公共产品供给方面，进一步强化民生资本的民生属性。民生资本不同于其他资本，民生产品的特殊属性就决定了民生资本必须要体现特有的民生属性，不能把利润的获取视为唯一的目的，应该把民生保障纳入目标函数，切实承担起改善民生的责任。从改进措施上看，其一，加强民生资本的立法工作，从法律上规定民生资本的增殖要求、扩张范围和运行逻辑。其二，加强民生资本的监管，对损害人民群众利益的行为依照法律法规进行处罚，形成震慑。其三，在住房、教育等公共产品供给上，要强化公有资本的参与，使公有资本能够切实有效引导其他类型的民生资本健康发展。

在巩固脱贫攻坚成果、扎实推进共同富裕方面，进一步鼓励民生资本发挥更大的作用。巩固脱贫攻坚和扎实推进共同富裕最终要落实到人民群众生活水平的提高上，与民生产业的布局和民生产品的供给息息相关，民生资本可以发挥重要的作用。从改进措施上看，其一，民生产业的地理布局要优先考虑中西部地区和农村地区，民生产业的行业布局要摆脱使农民和农村仅仅作为原材料提供者的生产角色，尽可能地使农民和农村能够延伸至深加工阶段，以更大地提高两者的经济利益。其二，鼓励民生资本在第三次分配中发挥更大的作用。在推动共同富裕方面，民营企业2019年捐赠475.12亿元，慈善捐赠能力和意愿持续提升，是我国慈善捐赠的主力。总的来说，民生资本的社会贡献已经提高，但与我国经济体量还不相称，应该进一步发挥税收的激励作用，鼓励民生资本更有效地参与。

五、促进生态资本健康有序发展

生态资本既是推动生产力发展的重要因素，同时关涉社会进步与人的全面发展。科学利用好生态资本，能够更好地把建设好生态文明与促进经济社会健康发展相统一，推进解放和发展生产力，推动社会主义建设与社会要素健康流动。

（一）促进生态资本健康有序发展的意义

生态资本是人类社会与经济有机整体的重要组成部分。“绿水青山就是金山银山”，生态资本是能够带来经济和社会效益的自然资源与环境，承载着环境自净、生态持续发展、生态服务、生态潜在价值等功能，[①]本质上仍然是以人的生存发展基础的自然界为基本构成。只有生态环境的健康发展，才能带来长远的经济效益。人的经济活动离不开与自然界的物质交换，这必然使得生态资本进入经济活动。习近平总书记指出，生态文明是人类社会进步的重大成果。人类经历了原始文明、农业文明、工业文明，生态文明是工业文明发展到一定阶段的产物，是实现人与自然和谐发展的新要求。这表明，生态文明和谐是社会发展的重要一环，既是人类历史进步的成果，也是进一步推进人与自然和谐发展的前进方向。生态资本是自然环境与自然资源在经济活动中的表现形态，利用好生态资本，一方面是促进高质量发展、构建新经济增长模式的必然要求，另一方面是符合提高人类生存质量，构建人的全面发展新格局的内在要求。

生态环境与生产力发展、与经济增量不是对立的要素，生态文明与生产力发展相辅相成。习近平总书记指出："纵观世界发展史，保护生态环境就是保护生产力，改善生态环境就是发展生产力。"[②]这表明生态环境与生产力的统一性，当以牺牲生态环境为代价来换取经济利益时，就会与人类共同利益与历史发展方向背道而驰。尤其在近代西方工业史上，以牺牲生态环境和自然资

① 参见马兆良、田淑英、王展祥：《生态资本与长期经济增长——基于中国省际面板数据的实证研究》，《经济问题探索》2017年第5期。

② 《习近平关于社会主义生态文明建设论述摘编》，中央文献出版社2017年版，第4页。

源为代价的例子屡见不鲜，甚至造成大气污染、森林退化等难以弥补的损失。促进生态资本健康有序发展，才能保证生产力的持续发展，才能保证短期利益与长期利益的统一，才能促进短期目标与长期目标的统一。生态资本的健康有序发展，有利于促进各资本要素之间的良性互动。生态资本不仅是经济活动中的重要生产性要素，同时在社会建设与发展中发挥着不可替代的保障性作用。生态资本的健康有序发展，能够为经济活动提供良好的社会基础，为平衡区域发展、带动城乡长远发展提供健康的动力和资源支撑。

（二）生态资本市场存在的主要问题

近年来，生态资本的重要性越来越引起社会重视，而在具体发展中还存在着诸多问题。首先，自然资源取用效率低，区域发展不平衡加剧。尤其在自然资源较为集中，而经济发展起步较晚的地区。在资源开采过程中，开采成本被极力压缩，以较为粗放的，甚至是原始的开采方式进行资源的初级采探。精细化的开采方式要求更高的技术投入和大量的专业人员。与精细化的开采相比，粗放的开采方式牺牲的是自然资源的有效利用程度，造成不合理的资源浪费。

其次，资源利用过程也存在类似问题，较低的利用率带来巨大的资源浪费。如宁夏相关数据显示，2006年至2011年工业用水量大幅增加，从3.47亿立方米增加到4.64亿立方米，且工业用水重复率低，2006年仅为36%，远低于全国平均水平，废水排量较大，从2006年的2.5万吨增加至2011年的3.9万吨。生活垃圾处理问题突出，这一期间宁夏处理生活垃圾的方式还是简单填埋和堆肥。同时，农村环境形势严峻，部分地区生活污染以及养殖污染严重，同时工业污染和城市污染也在向农村转移。[①]可见，生态资本的低效使用造成的影响是深远的，不仅带来资源浪费，同时对生态环境健康存续与开发都产生了潜在的阻碍。

生态资本的合理投入能够带动生态环境和经济效益的双赢，但是尤其在生态环境脆弱地区，还存在生态资本投入不足、管理水平低与生态资本增量低的现象。例如，以甘孜州为代表，当地生态资本投入和经营水平都较低，基础设施匮乏，生产工具科技含量低，抗灾害能力弱，农产品加工和转化为商品能力不足，这些进一步加重了生态资源利用率低的状况。如水资源方面，甘孜州水资源蕴藏量占全国水利资源蕴藏量的6%，而水利仅利用年径流量的0.4%，水利资源开发仅占0.06%。[②]

另外，值得注意的是，随着经济发展速度加快，常见的生态资本的表现形式和涵盖范围也在不断扩大。从水资源、大气环境等，扩展到森林资源、湿地资源等。而目前生态资本的效益计算更注重前期投入产出比，忽视后续环境恢复成本。这就造成净化

① 参见孙楠、张小盟：《宁夏资本效率测度及影响因素分析》，《宁夏大学学报（人文社会科学版）》2022年第2期。

② 参见杜明义：《生态资本视角下生态脆弱民族地区经济发展模式探讨——以四川甘孜藏族自治州为例》，《理论导刊》2016年第6期。

系统复杂、再生周期较长的资源和生态环境更加难以恢复。不同的资源和环境，其测算体系也相对复杂，短期内不可见的影响因素，很可能在长期发展中显现出来。这就造成经济指标的短期合理化和长期失衡化之间的矛盾。

（三）促进生态资本健康有序发展的主要措施

促进生态资本健康有序发展需要社会各经济主体共同提高生态文明意识，提高生态资本的统筹利用水平，推进循环经济发展，创新高质量发展模式，这是一个长期的发展过程。

首先，提高生态资本的统筹利用水平。生态资本是一个动态的综合系统，健康有序发展的生态资本能够在经济持续增长与社会全面进步之间起到关键作用。生态资本的效用是多层次的，主要可以归纳为以下三点：一是供给服务，如提供食物、生存资源、药材等；二是调节服务，包括气候调节、水土保持等；三是文化服务，如生态系统所提供的教育、科研、旅游等活动的资源。[①]因此，生态资本通过不同层面的运作，与金融资本、民生资本、文化资本等不同资本之间产生不同的联系。生态资本有着有限性、周期性等特殊性质，因此要尤其注意生态资本参与的环节中，资本的成本和利润比的特殊性，统筹好生态资本在不同经济活动环节中的作用机制，提高生态资本与其他资本的互动效率，

① 参见马兆良、田淑英：《生态资本外部性、人力资本积累与创新》，《江西财经大学学报》2016年第2期。

形成不同类型资本之间的良性互动，避免唯经济增量论。

其次，不同地区的生态资本发展起点不同，需因地制宜，有针对性地加大前期科研和技术投入。资源环境较为脆弱的地区，在初期开发中，大多会遇到开采难度大，前期投入高的情况。如果没有相应的技术保障，则会造成大量资源浪费和原始环境的破坏。同时，后期生态环境的保护和恢复建设，也需要相应的资金和技术投入。在包含生态资本的经济活动中，建构更全面科学的资本核算体系，建立长效的监管机制，加强政府宏观调控，同时提高人力资本水平，由此更好地引导生态资本高效运作的长效机制。

最后，生态资本的健康发展有赖于进一步建立健全高质量发展模式，推进循环经济方式，降低消耗、降低排放，提高效率。生态资本归根结底要为人的全面发展和社会全面进步服务，各经济主体要牢固树立建设生态文明的绿色经济和生态文明意识，从而在生态资本运作过程中，时刻保持生态保护红线意识，坚决在生态保护禁区前止步。加强绿色低碳发展，建立健全绿色低碳循环发展经济体系。尤其在城乡协调发展中，目前还存在不合理的废物处理模式，加剧了城乡经济和环境的紧张关系。因此利用好城市的资本和技术资源，以及乡村生态自生循环优势，降低能源、水、土不必要的消耗强度。同时促进生产、流通、消费过程的减量化、再利用和资源化，从而有针对性地推进以城乡协同发展为基础的生态资本流动机制，更好地发挥生态资本持续长远的发展效益。

第十一章
中国式现代化创造性引领资本健康发展

党通过百年奋斗领导人民成功推进中国式现代化，创造了人类文明新形态。中国式现代化是人口规模巨大的现代化，是全体人民共同富裕的现代化，是物质文明和精神文明相协调的现代化，是人与自然和谐共生的现代化，是走和平发展道路的现代化[①]。中国式现代化的成就，体现了党和国家对资本创造性的成功引领。中国式现代化前行，全面建设社会主义现代化国家，面临着更为严峻复杂多变的国际合作竞争，也存在着社会制度和文明形态的较量博弈，仍然离不开资本，还迫切需要较长时期、较大规模的资本生成和运动。因此，以中国式现代化创造性引导资本健康发展，这是新时代必须高度重视的重大经济与政治问题，是必须高度重视的重大实践与理论问题。

---

① 习近平：《把握新发展阶段，贯彻新发展理念，构建新发展格局》，《求是》2021年第9期。

一、党在中国式现代化进程中对资本的认识嬗变

马克思主义认为，资本具有自然和社会双重属性。我们党对资本的认识，从最初资本的制度属性（即侧重资本的社会属性），到资本作为生产要素（即侧重资本的自然属性），再到深化对资本的认识，始终伴随中国式现代化的发展而不断嬗变。

（一）对资本制度属性的认识与社会主义公有制的确立

从中国共产党成立到改革开放以前的现代化进程中，党对资本的认识立足马克思所讲的资本的社会属性，认为资本具有制度属性，必须加以改造，之所以有这样的认识，是基于当时的社会主要矛盾。

一方面，资本具有制度属性，是剥削和压迫的代名词。“资本不是物，而是一定的、社会的、属于一定历史社会形态的生产关系，后者体现在一个物上，并赋予这个物以独特的社会性质。”[①] 马克思所强调的资本的社会属性，特指资本背后的资本主义生产关系。新中国成立以前，推翻帝国主义、封建主义、官僚资本主义这“三座大山”是社会的主要矛盾，这其中帝国主义和官僚资本主义，都是资本的代名词，代表着无尽的剥削和无度的压迫，必须通过革命的方式将其推翻、没收资本，将资本家予以打倒，

① 《马克思恩格斯文集》第7卷，人民出版社2009年版，第922页。

但是对于可以团结和争取的民族资本和“有益于国民生计”[①]的私人或小资产阶级资本，也作出了区分，在有限制的条件下，允许和保护民族工商业和手工业者的发展。总体而言，新民主主义革命时期，党有着局部执政的经验，特别是基于对社会主要矛盾的判断和把握，对资本的态度也经历了从完全按照制度属性到有条件利用的转变。

另一方面，必须要对资本加以改造，确立社会主义公有制。一味地没收官僚资本、外国资本并非目的，而是需要通过对不同资本加以改造，即对农业、手工业、资本主义工商业的“三大改造”，使其服务于中国式现代化。以和平改造资本主义工商业为例，主要内容包括：一是在统一战线内消灭资产阶级。官僚资产阶级和地主阶级的资本采取强制没收的方式，民族资产阶级的资本通过和平赎买的办法，均予以社会主义改造。但要把资产阶级分子改造过来，采取的总政策是包下来，即安排好工作岗位、政治地位，教育为主、斗争为辅，教育中鼓励为主、批评为辅。二是从国家资本主义过渡到社会主义。把不受限制的独立的资本主义变成受限制的国家资本主义，采用国家所得税、企业公积金、工人福利费、资方红利“四马分肥”的办法，承认资本家的企业所有权、用人权和经营管理权；在国家资本主义的基础上，通过建立党和工会组织，加强党的领导和工人阶级监督等方式，最终

① 《毛泽东选集》第3卷，人民出版社1991年版，第1058页。

过渡到社会主义，可以说国家资本主义是过渡到社会主义的必经之路。三是以新经济政策利用资本。“三大改造”后确立了社会主义公有制，但党的八大后社会供需矛盾突出、地下市场和地下工厂频现，仍需要利用资本发展生产力，采取新经济政策利用资本，即“对于我国的自由市场，因为社会有需要，就发展起来。要使它成为地上，合法化，可以雇工，可以开私营工厂，可以开投资公司，可以消灭了资本主义又搞资本主义”①。尽管后来出现了认识和实践偏差，但在对资本制度属性的认识基础上建立了社会主义公有制，这为后来中国式现代化认识和利用资本奠定了重要的基础。

（二）对资本作为生产要素的认识与社会主义市场经济的建立

计划经济年代，由于对资本的认识不充分、判断不准确，曾一度走了极端，因对资本等于资本主义的认识走向固化，一度使社会主义和资本完全隔断，中国式现代化建设遭遇了巨大的挫折，较长时期的资本严重匮乏也导致了商品的严重短缺，站起来的中国人民并未摆脱贫穷，生活条件较长时间没有得到改善。改革开放后，党在解放思想中总结经验教训，重新认识资本，弱化了资本的社会属性，强化了资本的自然属性，将资本作为生产要

① 薄一波：《若干重大决策与事件的回顾》（上卷），中共党史出版社2008年版，第306页。

素来看待，具体表现为三个方面。

其一，资本是市场配置资源的工具。经济学研究的核心问题是资源配置，资本作为一种生产要素，只是市场配置资源的工具。在坚持公有制的基础之上，将私营经济作为必要的、有益的补充，党的十三大明确指出“私营经济……是公有制经济必要的和有益的补充”[①]，党的十五大提出包含私营经济的“非公有制经济是我国社会主义市场经济的重要组成部分”[②]。这意味着，公有资本可以成为市场配置资源的工具，包含私营资本在内的非公有资本，同样也可以成为市场配置资源的工具，淡化了资本的制度属性，而将资本作为一种普通的生产要素来看待，强调资本对市场配置资源的作用。

其二，资本是发展经济的方式和手段。“社会主义和市场经济之间不存在根本矛盾。问题是用什么方法才能更有力地发展社会生产力。”[③]改革开放之初，迫切需要各类资本参与中国式现代化建设，“现在搞建设……吸收外资可以采取补偿贸易的做法，也可以搞合营”，“要发挥原工商业者的作用”，“只要没有继续剥削，资本家的帽子为什么不摘掉？”[④]就像计划和市场都是发展生产力的方法，资本也是发展经济的方式和手段，“我们要利

① 《改革开放三十年重要文献选编》(上)，中央文献出版社2008年版，第487页。

② 《江泽民文选》第2卷，人民出版社2006年版，第256页。

③ 《邓小平文选》第3卷，人民出版社1993年版，第148页。

④ 《邓小平文选》第2卷，人民出版社1994年版，第156—157页。

用外国的资金和技术，也要大力发展对外贸易”①，“多吸引外资，外方固然得益，最后必然还是我们自己得益”②。自己既造血同时也输血，解决了中国式现代化资金短缺问题，还对生产关系产生有益影响。

其三，建立社会主义市场经济体制。资本不是资本主义所特有的，由资本带动的市场经济同样不是资本主义所特有的，“计划多一点还是市场多一点，不是社会主义与资本主义的本质区别。计划经济不等于社会主义，资本主义也有计划；市场经济不等于资本主义，社会主义也有市场。计划和市场都是经济手段”③。在这个思路的指导下，党的十四大提出建立社会主义市场经济体制，其核心在于坚持公有制为主体、多种所有制经济共同发展，按劳分配为主体、多种分配方式并存的基本经济制度。

（三）新时代对资本的深化认识与社会主义市场经济的完善

党的十八大以来中国式现代化迈入新的阶段，在消除绝对贫困、全面建成小康社会后，开启了全面建设社会主义现代化国家新征程。对于资本，有了更加深化的认识，社会主义市场经济也得以日臻完善，主要有以下体现。

① 《邓小平文选》第2卷，人民出版社1994年版，第257页。
② 《邓小平文选》第3卷，人民出版社1993年版，第313页。
③ 《邓小平文选》第3卷，人民出版社1993年版，第373页。

一是资本是带动各类生产要素集聚配置的重要纽带。在社会主义市场经济体制下，资本是带动各类生产要素集聚配置的重要纽带，是促进社会生产力发展的重要力量[①]。这说明，资本不仅是一种生产要素，有参与分配的价值，而且是一种重要的生产要素，承担着将各类生产要素集聚配置的功能。换言之，正是因为有资本作为纽带，包括劳动、土地、技术、管理、数据等在内的生产要素才得以集聚，并且在资本追求效率的作用下，各类生产要素得以以更优的比例进行集聚配置，更好地促进生产力的发展。

二是市场在包含资本在内的资源配置中起决定性作用。计划经济时期，计划是配置资源的方式，尽管发挥过重要作用，但更多表现为资源配置低效率，资本的积极作用被大大限制。随着社会主义市场经济的确立，市场在资源配置中起基础性作用，资本通过市场的方式进行配置，效率大大提高，但资本的巨大潜力仍被限制。党的十八届三中全会提出“使市场在资源配置中起决定性作用和更好发挥政府作用”，明确界定了市场配置资源的决定性地位，资本的活力彻底被激发，资本快速发展扩张。

三是提高防止资本无序扩张和防范风险的治理能力。资本的自然属性意味着资本具有增殖性、运动性、风险性、扩张性等特点。资本扩张具有双重属性，有序扩张可以推动经济社会健康发展，无序扩张给经济社会带来巨大风险。党敏锐地认识到，在这

① 参见习近平：《正确认识和把握我国发展重大理论和实践问题》，《求是》2022年第10期。

种情形下，一方面需要强化反垄断。在数字经济时代，互联网平台经济下的垄断呈现鲜明特征[①]，要依照《反垄断法》防止资本无序扩张，维护市场公平竞争。另一方面需要有效防范风险。资本具有金融化的特征，容易引起经济脱实向虚，导致不良资产风险、泡沫风险等，国家制定系统的制度、风险监测体系、完善的风险预案，着力防范和化解风险，守住不发生系统性风险的底线。

二、资本对推进中国式现代化的历史性贡献

资本作为一种不可或缺且占据纽带地位的生产要素，与中国式现代化相结合，发挥了推动生产力发展、推动生产关系调整的重要作用，对中国式现代化的经济社会发展作出了巨大的历史性贡献。对此，我们要充分肯定，其正向作用也要更多传播。可以说，中国式现代化的发展过程，也是我们创造性成功引导资本的过程。

（一）利用资本加速现代化发展是中国式现代化伟大创举

资本是资本主义赖以生存的基础，但并非资本主义独有和独享，中国共产党创造性地将市场经济与社会主义相结合，发挥资本加速发展中国式现代化的作用，这是一次伟大的创举，是对资本逻辑的扬弃和超越。

---

① 参见周文、刘少阳：《平台经济反垄断的政治经济学》，《政治经济学季刊》2021年第1期。

一方面，创造性地将市场经济与社会主义相结合，用资本推动中国式现代化发展。在马克思、恩格斯所处的时代，资本主义正蓬勃发展，他们揭示了资本的特性和行为规律，但未曾设想过社会主义条件下仍然可以搞市场经济，无法预见社会主义国家如何对待资本。列宁、斯大林领导的苏联，国家计划是资源配置的最主要手段，包含资本在内的市场手段被大大抑制，基本没有遇到大规模资本问题。改革开放后，在中国共产党探索中国式现代化进程中对资本的认识更加深化，创造性地将市场经济与社会主义相结合，逐步建立社会主义市场经济。我们的资本没有“主义”这条尾巴，属于非典型资本主义条件下的非典型资本，超越了马克思批判的资本逻辑。只要是市场经济，就必然存在各种形态的资本，包括国有资本、集体资本、民营资本、外国资本、混合资本等，党积极探索如何在社会主义市场经济条件下发挥资本的积极作用，同时有效控制资本的消极作用。

另一方面，资本加速中国式现代化发展。劳动、土地、资本，以及管理、技术、数据等生产要素，都是经济增长的动力。从经济学视角看，中国式现代化之所以能够加速发展，主要得益于“高储蓄—高投资”形成的高资本形成率，这是中国经济增长的最主要因素之一[①]。可从一组数据来看资本如何加速

① 参见王小鲁、樊纲、刘鹏：《中国经济增长方式转换和增长可持续性》，《经济研究》2009年第1期。

中国式现代化发展[1]：从总体贡献来看，1978—2010年中国经济增长约19.8倍，其中全要素生产率、劳动与资本的增长分别为2.2倍、0.7倍与16.9倍，资本贡献份额高达85.4%；从阶段演变来看，资本在绝大多数年份都对经济增长产生正面贡献，其中1978—1991年呈大幅波动且下降趋势，1992年确立建立社会主义市场经济之后，资本对经济增长的贡献基本呈上升趋势，2005年人民币汇率改革之后国际资本大量流向中国，资本对经济增长的贡献更是接近90%，2008年国际金融危机后中国作为世界经济增长引擎，吸引了大量资本，资本对经济增长的贡献甚至超过100%；从区域分布来看，我国东部地区资本对经济增长的贡献份额达到61.2%，东北地区达到96.1%，中部和西部地区甚至超过100%，特别是2008年国际金融危机之后，中西部地区的经济增速甚至超过了东部地区。根据国家统计局官网数据计算，2021年的国民总收入是1978年的429倍，2021年的人均国民总收入是1978年的293倍。1978年我国GDP占全球的份额为1.7%，2012年达到11.4%，2021年上升到18%以上。所有这些，也得益于资本贡献的快速提高。

（二）资本作为生产要素对社会生产力发展的推动作用

作为一种生产要素，资本对社会生产力产生巨大的推动作

① 参见董敏杰、梁泳梅：《1978—2010年的中国经济增长来源：一个非参数分解框架》，《经济研究》2013年第5期。

用，具体表现在资本是带动各类生产要素集聚配置的重要纽带，可以提高劳动生产率，促进技术创新，带来产业革命等。

其一，资本是带动各类生产要素集聚配置的重要纽带。马克思主义认为，劳动力成为商品，货币也就转化为资本，前者是后者的前提。在劳动力成为商品之前，货币可以在普通商品的交换中发挥价值尺度、流通手段、支付手段的功能，但也仅限于交换普通商品，无法组织生产。在劳动力成为商品之后，货币可以成为支付给劳动力的工资，与此同时，货币也可以用于交换其他普通商品，将劳动力和其他普通商品都交换至资本所有者手中，便可以组织生产，此时的货币也便转化为资本，成为带动各类生产要素集聚配置的重要纽带。尽管计划经济也可以推动各类生产要素集聚配置，但资本带动各类生产要素集聚配置的效率更高，有利于扩大生产规模，改革开放前后中国式现代化的建设速度就是很好的例证。

其二，资本可以提高劳动生产率。根据马克思主义的基本原理，资本逐利的天性，会驱使其从利润率低的部门流向利润率高的部门，推动各类生产要素重新排列组合，进而提高劳动生产率。伴随资本主义社会的到来，“它所造成的生产力却比过去世世代代总共造成的生产力还要大，还要多”[①]。对英国劳动生产率的研究发现，1600年以前，资本只是以萌芽的形式存在，英国的

① 《马克思恩格斯全集》第4卷，人民出版社1958年版，第471页。

劳动生产率几乎为零。随着资产阶级革命开始，以及“光荣革命”和“君主立宪制”确立了商人和地主的政治地位，英国的劳动生产率开始增长，1600—1810年劳动生产率每十年增长4%左右；随着英国工业革命的快速发展，开始从农业资本主义走向工业资本主义，资本对劳动生产率的带动作用更加显著，1810年之后劳动生产率每十年增长18%左右。[①]据测算，1978年到2020年，资本积累对国内生产总值的贡献率高达55.8%。

其三，资本可以促进技术创新。长期的经济增长依赖于技术创新，而技术创新离不开资本运作。资本可表现为金融发展，在均衡状态下，金融发展可以通过提高储蓄向投资转化的效率、缓解信息不对称等方式，降低研发部门的外部融资成本，进而促进企业增加研发投入，实现技术创新，金融发展、企业创新、经济增长之间存在着内生的传导机制[②]。中国的发展实践也证实了这一点，随着中国越来越重视资本或金融，技术创新水平和效率不断提高，特别是近年来数字金融的快速发展，有效校正了传统金融存在的属性错配、领域错配、阶段错配等问题，将资本更加精准有效地引导至有关领域，驱动企业开展技术创新[③]。

---

① See Bouscasse Paul, Nakamura Emi and Steinsson Jón. When Did Growth Begin? New Estimates of Productivity Growth in England from 1250 to 1870. *NBER Working Paper*, 2021, No. w28623.

② 参见庄毓敏、储青青、马勇：《金融发展、企业创新与经济增长》，《金融研究》2020年第4期。

③ 参见唐松、伍旭川、祝佳：《数字金融与企业技术创新——结构特征、机制识别与金融监管下的效应差异》，《管理世界》2020年第5期。

其四，资本可以带来产业革命。在资本表现为金融发展的情况下，金融发展能通过技术创新的“水平效应”与“结构效应”加速产业结构转型[①]。18世纪60年代第一次工业革命，人类进入蒸汽时代；19世纪60年代第二次工业革命，人类进入电气化时代；20世纪40—50年代第三次工业革命，人类进入信息化时代；21世纪的第四次工业革命，人类进入智能化时代。事实上，每一次工业革命，都是一次产业的彻底变革，而这一切都离不开资本的助推。

（三）资本作为生产要素对生产关系的推动作用

作为一种生产要素，资本在推动生产力发展的同时，也推动生产关系调整，表现在创造就业、制度革命、劳动组织变革等方面。

一是资本创造了就业岗位。16世纪英国的圈地运动，不论是契约圈地、法庭圈地和协议圈地等合法圈地，还是暴露早期资本失范与贪婪的非法圈地，特别是“大农—乡绅阶层”在圈地重点区域的圈地面积占当地全部圈地的一半以上[②]，迫使许多小农失去赖以生存的土地。此时，由资本诞生的许多产业工厂，创造了大量的就业岗位，成为这些失地农民的选择。尽管马克思主义认为

① 参见易信、刘凤良：《金融发展、技术创新与产业结构转型——多部门内生增长理论分析框架》，《管理世界》2015年第10期。

② 参见侯建新：《圈地运动与土地确权——英国16世纪农业变革的实证考察》，《史学月刊》2019年第10期。

劳动力成为商品后，不可避免地被资本剥削、压迫，但考虑到当时的社会环境和生活条件，资本创造的就业岗位还是给许多人提供了“活路”。根据第七次全国人口普查结果，我国31个省、自治区、直辖市和现役军人的人口共14.12亿人，其中15～59岁的劳动年龄人口为8.94亿人，占63.35%，真正长期从事农业生产的人口并不多，如此大规模的劳动适龄人口需要大量的就业岗位，如果没有资本发挥作用，将会产生大量的失业，对民生保障和社会稳定都会产生巨大冲击。

二是资本推动了制度革命。资本在改变生产力的同时，也在推动制度革命。在资本的作用下，西方国家经历两次现代化，第一次现代化是从农业经济向工业经济、农业社会向工业社会的转变；第二次现代化是从工业经济向知识经济、工业社会向知识社会的转变①。在这个过程中，社会制度发生了彻底的变革，由原来的封建社会一跃变成资本主义社会。马克思主义认为，社会主义是高于资本主义的一种社会形态，但这种形态的产生和发展，仍然需要依靠资本发挥功能，“无论哪一个社会形态，在它所能容纳的全部生产力发挥出来以前，是决不会灭亡的；而新的更高的生产关系，在它的物质存在条件在旧社会的胎胞里成熟以前，是决不会出现的”②。只不过，需要改变资产阶级赖

① 参见何传启:《第二次现代化理论与中国现代化》,《世界科技研究与发展》1999年第6期。

② 《马克思恩格斯文集》第2卷，人民出版社2009年版，第592页。

以生存和统治的基本条件，即资本私有、雇佣劳动，这样“资产阶级的灭亡和无产阶级的胜利同样是不可避免的”[①]，资本可以推动资本主义制度向社会主义制度变革，推动社会主义制度向共产主义制度变革。

三是资本带来了劳动组织变革。所谓劳动组织，包括劳动的分工和协作、计量和监督、规划与协调等，这涉及劳动过程中人与人的关系，具有生产关系的制度功能[②]。在不同社会阶段，劳动的表现形式有所差异，奴隶社会阶段，奴隶主完全占有劳动产物；封建社会阶段，地主通过地租占有大部分的农奴劳动；资本主义社会阶段，资本可以购买劳动力，出现了雇佣劳动的异化劳动，资本家凭借资本占有工人的劳动创造的剩余价值。在社会主义社会阶段，资本带来了劳动组织变革，使得劳动合理进行分工和协作，人力资源开发和协调不断发展，工会组织也应运而生并不断完善。

三、全面建设社会主义现代化国家存在着资本短缺

资本对生产力和生产关系的积极作用不言而喻，在加速中国式现代化发展中作出过重要的历史性贡献。新时代全面建设社

---

① 《马克思恩格斯全集》第4卷，人民出版社1958年版，第479页。

② 参见荣兆梓：《社会主义基本经济制度新概括的学理逻辑研究》，《经济学家》2020年第4期。

会主义现代化国家，仍然需要资本继续发挥积极作用。我国仍存在着资本总量和资本结构两个方面的短缺问题，需要保持较长时期、较大规模的资本总量，并优化调整资本结构形成资本优势，同时防止资本无序扩张和无序收缩。

（一）资本总量短缺

拉动经济增长的“三驾马车”包括消费、投资、进出口，扩大内需是构建新发展的战略基点，同时也要坚定拓展投资空间。以资本形成率（资本形成总额占GDP比重）为例，来看资本总量短缺。

从国际层面看，保持较大规模的资本形成率是转型成功的关键。发展中国家数量众多，都在通过各种方式推动转型，但转型成功的国家只有少数，其中一个重要原因就在于这些国家保持一定规模的资本形成率，实证研究表明，国际直接投资（FDI）流入对转型国家收入具有正向效应①。转型失败案例方面，巴西和阿根廷属于转型失败的国家，20世纪60年代以来，巴西的资本形成率从未超过30%，很多年份甚至低于20%；阿根廷的资本形成率1976年和1977年分别为30.7%、30.9%，其他年份也均未超过30%，大部分时间甚至低于20%。尽管经济转型涉及多个因素，但这两个国家的资本形成率长期处于较低水平，未能发挥资本对

① 参见赵蓓文：《转型国家外国直接投资的宏观经济效应——关于俄罗斯、中东欧八国和中国的比较》，《世界经济研究》2009年第8期。

经济的拉动作用，转型失败是一种必然。转型成功案例方面，日本、韩国和新加坡属于转型成功的国家，2000年以前，日本的资本形成率基本高于30%，即使处于20世纪90年代所谓“失去的十年”，也能保持较高水平的资本形成率；韩国从20世纪70年代中期至今，资本形成率都基本高于30%，最高甚至超过40%（1991年为41.2%）；新加坡从20世纪70年代至20世纪末，资本形成率都超过30%，有一些年份超过40%，1983年甚至达到47%的峰值。这些国家充分挖掘资本的潜力，发挥资本对创新、生产、消费等领域的积极影响，成功步入了发达国家行列。我国正处于跨越中等收入陷阱的关键时期，国际经验和教训的启示，值得我们高度警惕和重视。

从国内层面看，仍然需要确保资本形成率处于高水平。我国的经济转型可从其他国家吸取经验、教训。从共性看，我国保持着较高水平的资本形成率。20世纪70年代以来，我国资本形成率一直高于30%，2008年国际金融危机后，尽管“十三五”期间较“十二五”期间有所下降，但资本形成率一直高于40%。与转型国家在转型时期的资本形成率相比，我国资本形成率水平不低，这是我国经济保持多年高速增长的重要原因。从个性看，分析我国的资本形成率，还要考虑我国的特性。从投资驱动型增长转向消费驱动型增长固然重要，但消费增长和升级的前置条件是收入增长，这又取决于劳动生产率的不断提高、技术创新的不断涌现、产业产品的不断升级，而上述因素又都离不开投资。具体来说，尽管我国部分行业产能过剩，但我国总体上处于“微笑曲线”的底部，产业从中低端向中高端升级的空间很大；过去“铁公机”（铁路、公路、机场）占据了基础设施投入的大部分，未来城市间互联互通基础设施、城市内基础设施，特别是地下管网、地下交通、改善环境等基础设施，投资空间巨大；除了“老基建”之外，数字技术、数字经济、数字政府、数字社会等“新基建”的任务更为繁重，需要大量资本投入；2021年我国常住人口城镇化率不到65%，户籍人口城镇化率更低，未来城镇化率要达到发达国家的水平，还有很大的投资空间；我国正实施乡村振兴战略，乡村拥有巨大的投资潜力。特别是我国资本市场与全球第二大经济体地位不相匹配，2021年我国GDP约为美国GDP的77%，而我国A股总市值仅约为美国股票总市值的1/4。诸如此类，都表明我国仍然需要保持资本形成率处于高水平，只有如此，我们才能巩固以往的成绩，推动中国式现代化的稳步前行。

（二）资本结构失衡

我国资本形成路径可分为两个阶段，第一个阶段是1994年之前的资本增量改革，第二个阶段是1994年之后的资本结构调整[①]。这意味着，我国资本结构存在一定的失衡。以固定资产投资完成额为例，可以看出资本结构失衡的主要表现。

① 参见李治国、唐国兴：《资本形成路径与资本存量调整模型——基于中国转型时期的分析》，《经济研究》2003年第2期。

从主体看，表现为国有资本和民间资本的失衡。我国的基本经济制度要求以公有制为主体、多种所有制经济共同发展，但公有制的主体地位体现在公有资产在社会总资产中占优势，国有经济控制国民经济命脉，对经济发展起主导作用，换言之，并非要求国有经济在规模上占据优势。改革开放以来，我国城镇固定资产投资完成额中的民间资本对经济作出了巨大贡献，民间投资占比从2004年的30.4%增长至2014年58.9%的峰值，随后出现一定幅度的下降。尽管民间投资仍能占到一半以上，但民间投资增速出现了大幅下跌，从2005年的55.8%下降至2013年的20.1%，再下降至2015年及之后的10%以下，民间投资增速最低时只有1%（2020年）。从某种程度看，国有资本仍能保持较高的积极性，但民间资本的积极性越来越低。

从区域看，表现为东部地区和中西部地区的失衡。改革开放以前，在政府的规划引导下，资本向中西部地区倾斜，中西部地区的全社会固定资产投资完成额占据一半多，少数年份甚至超过2/3。改革开放以后，僵硬的计划体制被打破，资本在市场机制的作用下，向东部地区流动，1981年东部地区的全社会固定资产投资完成额占比超过50%，1993年超过60%，此后虽然有所下降，但也保持在50%上下。东部地区11个省市，与中西部地区的20个省区市，各自占据一半左右的全社会固定资产投资完成额。究其原因，在于东部地区有着优越的经济发展基础，资本出于逐利的天性，更倾向于流向或留在东部地区。

从投向看，表现为实体经济与房地产的失衡。在城镇化进程中，房地产市场蓬勃发展是一种必然，但房地产是一个十分特殊的行业，一面连着金融，一面连着实体经济。中国资产规模主要集中在房地产市场，2020年住房总市值占GDP比重高达641%，美国住房总市值占GDP比重为172%；中国股票总市值占GDP比重仅有77%，而美国股票总市值占GDP则高达249%。2011年以来，房地产开发投资占比基本维持在25%上下，并且大多数年份，房地产开发投资增速要高于全社会固定资产投资增速。资本过多、过快地流向房地产领域，推高房地产价格之外，还催生了一定程度的"脱实向虚"，加剧资本向房地产领域流动。

（三）资本无序扩张

不论是在社会主义社会，还是在资本主义社会，在逐利的天性下，资本总是跟着利润扩张。由于认识不足、监管缺位，近年来我国一些领域出现资本无序扩张，对经济安全、生产力发展和生产关系调整都产生不利影响。资本无序扩张呈现金融化、平台化两个特征[①]。

资本扩张呈现金融化特征。与产业生产类似，金融也是资本运动的一个载体，资本借助这个载体，推动资本金融化扩

---

① 参见董小君：《把握资本行为规律　防止资本无序扩张》，《光明日报》2021年12月21日。

张，具体表现在宏观、微观两个层面。宏观层面，泛金融业金融化。泛金融业金融化指的是银行、证券、保险、房地产等泛金融部门相对于生产部门的扩张，即资本更倾向于流向泛金融部门，而非生产部门；泛金融业金融化还指影子银行的快速扩张和家庭部门金融化。2004年以来，我国泛金融业行业上市公司利润占所有上市公司比重呈上升趋势，从2004年的15%左右升高至2018年的60%左右[①]。微观层面，非金融企业金融化。非金融企业金融化指的是非金融企业采取偏重资本运作的资源配置方式，更多业务为投资，而非生产；非金融企业金融化还指利润更多来源于非生产性业务的投资和资本运作，单纯追求资本增殖[②]。非金融企业金融化不仅增加了企业的经营风险，而且也会作为系统性金融风险的一部分而存在，对实体经济产生“挤出效应”[③]。

资本扩张呈现平台化特征。随着数字鸿沟越来越小，平台经济快速发展，在规模和转化率的机制下，互联网资本实现了从数字鸿沟到红利差异的转变[④]。资本的平台化扩张，既有优点又有缺点。优点在于平台是数字技术体系下资本积累、社会生

① 参见张成思：《金融化的逻辑与反思》，《经济研究》2019年第11期。

② 参见蔡明荣、任世驰：《企业金融化：一项研究综述》，《财经科学》2014年第7期。

③ 参见苏治、方彤、尹力博：《中国虚拟经济与实体经济的关联性——基于规模和周期视角的实证研究》，《中国社会科学》2017年第8期。

④ 参见邱泽奇、张樹沁、刘世定、许英康：《从数字鸿沟到红利差异——互联网资本的视角》，《中国社会科学》2016年第10期。

产和再生产的新组织形式，借助平台大数据、云计算、高传输等特性，可以跨部门、跨时间、跨空间、跨国界，实现高效的生产、分配、交换、消费活动，极大地促进生产力发展和生产关系调整①。缺点在于平台构建了一个自我循环且相对封闭的系统，凭借用户黏性、用户规模等优势，有可能产生垄断的现象，平台垄断又在某种程度上限制了生产力的公平有序发展，也导致生产关系出现畸形调整。平台经济垄断以及国际税收利益分配争端，是全球产业链资本积累过程中基本矛盾深化的新表现②。

四、新发展阶段支持和引领资本健康发展的重点问题

推进中国式现代化仍然需要大规模的资本，需要真正打消资本“紧张”“恐慌”，尊重资本、保护资本、防止资本外逃，让资本文明的一面更加出彩，为人民服务，实现以人民为中心的发展。党和国家完全有能力在社会主义市场经济条件下克服资本的弊病，超越资本的逻辑。新发展阶段要支持和引领资本健康发展，这需要把握几个重点问题。

① 参见谢富胜、吴越、王生升：《平台经济全球化的政治经济学分析》，《中国社会科学》2019年第12期。

② 参见周文、韩文龙：《平台经济发展再审视：垄断与数字税新挑战》，《中国社会科学》2021年第3期。

（一）立足社会主义初级阶段，坚持基本经济制度和“两个毫不动摇”，推动公有资本与非公有资本的协同发展

推进中国式现代化要立足社会主义初级阶段，社会主义初级阶段仍需要大力发展生产力、继续调整生产关系，这离不开资本的助力。社会主义公有制和资本形态从生产关系着手，既可以激活“资本的文明面”，又可以克服资本的生产性矛盾[①]，因而要坚持基本经济制度和“两个毫不动摇”，推动公有资本与非公有资本协同发展。

一方面，深化推动公有制经济的各项改革。经过多年的改革，我国公有制总体上已经同市场经济相融合，同时，还需要在一些重要领域继续深化改革。其一，探索公有制的多种实现形式，鼓励发展国有资本、集体资本、非公有资本等交叉持股、相互融合的混合所有制经济，这方面已经进行了一些探索，但还远远不够。其二，推进国有经济布局优化和结构调整，做强做优做大国有资本。这方面也有诸多努力，但还有很大提升空间。其三，深化国有企业改革，完善中国特色现代企业制度。这方面有一定的曲折，改革的步伐还应加快。其四，形成以管资本为主的国有资产监管体制，强化国有企业市场主体地位。这方面有进展，力度还有待加大。

---

① 参见周丹：《社会主义市场经济条件下的资本价值》，《中国社会科学》2021年第4期。

另一方面，落实促进非公有资本发展的各项举措。在基本经济制度的框架下，公有资本获得了较好的发展，非公有资本作为重要组成部分作用突出，要充分肯定这个巨大贡献。以民营经济为例，民营经济具有“五六七八九”的特征，即贡献了50%以上的税收，60%以上的国内生产总值，70%以上的技术创新成果，80%以上的城镇劳动就业，90%以上的企业数量[①]。其一，健全支持民营经济、外商投资企业发展的法治环境，坚持科学立法、严格执法、公正司法，实现各种所有制经济权利平等、机会平等、规则平等。其二，完善构建亲清政商关系的政策体系，把构建亲清政商关系落到实处，推动领导干部同民营企业家交往既坦荡真诚、真心实意靠前服务，又清白纯洁、守住底线、把握分寸，促进非公有制经济健康发展和非公有制经济人士健康成长。如浙江省推动的政企恳谈会方式就非常好。受到很多企业家的欢迎。其三，营造各种所有制主体依法平等参与市场竞争的市场体系，不断完善使用资源要素、公开公平公正参与竞争、同等受到法律保护的市场环境，健全支持中小企业发展制度，对国有和民营经济一视同仁，对大中小企业平等对待。其四，在加强产权和知识产权保护、健全完善金融体系、平等放开市场准入等方面深化改革，采取各种办法推动引导非公有制经济健康发展的政策落准、落细、落实。

① 习近平：《在民营企业座谈会上的讲话》，《人民日报》2018年11月2日。

（二）坚持生产力进步原则，在推动资本发展中解决问题

在推进中国式现代化进程中，资本首要职责是推进生产力发展，在此基础上，促进生产关系调整，因此要坚持生产力进步原则，约束资本过度金融化，支持平台经济持续健康发展，培育平台经济的国际竞争力，在推动资本发展中解决问题。

一是约束资本过度金融化。金融活、经济活，金融稳、经济稳。金融与经济密不可分，但这并不意味着金融可以无限度发展，更不意味着资本可以过度金融化，需要对资本金融化加以约束。约束的核心标准有两个，一个是实体经济的需要，资本金融化要回归服务实体经济的本源，实体经济需要多少资本，就应该有相应的资本金融化，过多或过少都不利于实体经济；另一个是防范风险的需要，资本金融化要守住不发生系统性风险的底线，特别是要在金融监管框架体系下，开展资本金融化的创新活动。

二是支持平台经济持续健康发展。平台经济对促进生产力发展、生产关系调整，都起着重要作用，目前我国平台经济规模超过13万亿元，平台用户超过10亿人，尽管总体呈现良好的发展态势，但发展仍然不平衡不充分，需要支持平台经济持续健康发展。一方面，推动平台经济与实体经济深度融合。增强平台经济的实体化程度，引导各类企业借助现有平台开展数字化转型，挖掘工业互联网的发展潜力，促进实体经济与平台、互联网、数字化等融合发展。另一方面，加强对平台经济背后资本的有效监

管。完善与监管相关的法律法规，制定科学有效的资本监管指标体系，依法提高监管能力和水平。

三是培育平台经济的国际竞争力。全球数字经济正呈现智能化、量子化、跨界融合等新特征，平台经济将成为未来国际竞争的重要依托，我国平台企业大而不强，在全球市值排名前10位的平台企业中，我国有5家，但前3位都是美国企业，近两年差距甚至有所扩大，要引起我们的警惕。要鼓励平台企业参与国家重大科技创新项目，以多种形式将国有资本和非国有资本、实体经济和平台经济进行链接，引导平台资本成为助力实体经济、科技创新的重要力量。要对标国际标准，鼓励平台经济开展国际合作，积极参与全球数字治理，不断提升国际竞争力，为抢占数字经济国际竞争的制高点发挥强大引擎和开路先锋作用。

（三）构建高水平社会主义市场经济体制，完善公平竞争法律规则体系，反垄断和反不正当竞争

为了激发各类资本的活力，需要构建高水平社会主义市场经济体制，不断完善公平竞争法律规则体系，推进反垄断和反不正当竞争。

一是完善产权制度。不论是公有资本，还是非公有资本，均要以公平为原则，完善产权制度，加强产权保护。公有资本形成的财产权不可侵犯，非公有资本形成的财产权同样不可侵犯。特别是对于平台资本，数据是最为主要的生产要素，要厘清数据所

有权、使用权、运营权、收益权等权利，建设权责清晰、安全高效的平台资本权利义务体系。

二是完善公平竞争制度。公有资本和非公有资本要在公平的环境中竞争，要以竞争中性原则为基础，加快建设全国统一大市场。要营造稳定公平透明可预期的营商环境，根据市场主体的需求，继续深化“放管服”改革，打造有利于各类资本竞争的市场化、法治化、国际化的营商环境。要建立统一的市场准入机制，对外商资本采取负面清单的模式，可以拓展至国内的各类资本，建立各类资本参与公平竞争的统一负面清单。

三是反垄断和反不正当竞争。对于资本无序扩张形成的垄断、暴利、天价、恶意炒作、不正当竞争，要坚决予以治理，不断推进反垄断和反不正当竞争。我国已经出台《反垄断法》《反不正当竞争法》，也成立了国家反垄断局，未来需要制定更加科学的反垄断、反不正当竞争标准，综合借鉴欧盟的“严格规制式”和美国的“动态审慎式”两种模式的经验启示，完善积极的包容审慎监管原则，实现监管转型和创新，形成资本扩张的稳定预期。

（四）鲜明合理设置“路标路牌”，依法适度设置“红绿灯”，优化资本结构布局

新发展阶段驾驭资本的方式，主要在于以法律和规则为资本设置鲜明的路标路牌，畅通“交通”，重要路口设置“红绿灯”。路标路牌和“红绿灯”要醒目准确，适用于道路上行驶的所有交

通工具。对待资本也一样，各类资本都要会看路标路牌和遵守“红绿灯”，不能横冲直撞，防止资本的野蛮生长，公有资本要起正能量的带头作用。

一是“红灯”要少。应有意识地控制为企业设置的“红灯”总数，要确保设置“红灯”的权力来源于顶层设计和统筹安排，避免出现单个行政部门或者地方政府为资本无故设置“红灯”的情形。主要监管部门要尽可能通过完善制度建设，加快推进整体监管、系统监管、协力监管，实现事前事中事后全链条监管，在少设置“红灯”的前提下，充分发挥资本的积极作用。

二是“黄灯”要长。垄断是资本无序扩张的一个结果，但并非所有垄断都由资本无序扩张导致。对于垄断行业的资本，要通过“闪黄灯”的方式，深化垄断行业改革。我国的电网、电信、铁路、石油、天然气等重点行业，属于自然垄断行业，需要适当引进社会资本，鼓励上市公司或非上市公司引进战略投资者，以社会资本的活力带动自然垄断行业提质增效。此外，对于一些重大的政策调整，要有过渡期，让市场主体有个调整期，不能一刀切、一阵风。

三是“绿灯”要多。设置“绿灯”的出发点是为了营造各种所有制主体依法平等使用资源要素、公开公平公正参与竞争、同等受到法律保护的市场环境，“法无禁止皆可为”。其根本目的都是让市场竞争更加充分，最大限度激发市场主体活力，最终落脚点是促进我国经济繁荣发展，给人民群众带来实实在在的获得感。

四是设灯有据。资本有序发展的界限是遵循市场经济秩序，不超越作为生产要素的经济功能，不越过政治、社会、民生、安全等领域的底线，符合国家发展导向，能够推动生产力发展和促进经济增长。资本无序扩张则是越过以上界限，打破资本在市场经济中正常流动的状态，扰乱正常经济秩序，偏离国家引导和提倡的方向，在不该扩张的领域大肆扩张，进行不正当竞争和形成垄断。

（五）规范劳动与资本关系，发挥资本对于推动共同富裕的重要作用

“资本和劳动的关系，是我们全部现代社会体系所围绕旋转的轴心。”[①]形成规范的劳动与资本关系，是中国式现代化进程中至关重要的一个方面，对推动共同富裕也发挥着重要作用。

一方面，完善多种形式的劳动关系保障。目前我国出现了灵活就业等新的劳动关系形态，根据人力资源和社会保障部统计，我国灵活就业从业人员规模达2亿人左右，推动建立多种形式的劳动关系，是适应新形态的必要之举。当然，在新形态的劳动关系中，劳动权益保障存在制度短板和法律缺口。要认真落实国家维护新就业形态劳动者劳动保障权益的政策，从公平就业、最低工资和支付保障、休息、安全卫生、养老、职业伤害等方面发力，

① 《马克思恩格斯文集》第3卷，人民出版社2009年版，第79页。

补齐劳动者权益保障短板；从信息便利和服务、优化社会保险经办、职业技能培训、子女教育、综合服务等方面发力，优化劳动者权益保障服务。

另一方面，构建和谐的劳资关系。和谐的劳资关系对企业发展、社会稳定都具有重要的意义，但目前存在个别企业与员工之间的利益差距日益扩大、企业雇主与员工之间的地位不平等、少数企业工会组织不健全等问题①。要从机制上发力，推动构建多元化的“劳动—资本”共同体。例如，华为公司的虚拟受限股制度（或称之为员工持股计划，ESOP），有利于推动创业企业治理模式向社会化企业治理模式转变，形成收益权、控制权、经营权“三权分立”和激励相容的动态股权治理平台②，是建立和谐劳资关系的典型案例。

（六）形成引导资本规范健康发展的舆论氛围和政治生态

《宪法》对公有制和非公有制经济的地位已经作出规定，党中央对引导资本规范健康发展也已提出方向，要营造资本规范健康发展的舆论氛围和政治生态，稳定各类资本预期。

首先，坚决批判与基本经济制度和“两个毫不动摇”相悖的错误言论。在社会上存在一些关于公有制、国有企业、民营经济

---

① 参见王海霞：《如何构建和谐的企业劳资关系》，《人民论坛》2018年第20期。

② 参见唐跃军、左晶晶：《创业企业治理模式——基于动态股权治理平台的研究》，《南开管理评论》2020年第6期。

的错误言论，大致包括三种：第一种是“所有制不重要论”。我国是社会主义国家，《宪法》明确规定“中华人民共和国的社会主义经济制度的基础是生产资料的社会主义公有制”，公有制为主体、多种所有制共同发展，是马克思主义基本理论和科学社会主义原则与中国实践相结合的产物，具有理论性、科学性、现实性、有效性，这是资本健康发展的前提。第二种是“民营经济离场论”。这种观点的持有者认为民营经济已经完成使命，要退出历史舞台，或者认为取消国有经济，民营经济就可以获得更大发展，这都是“国进民退”或“国退民进”的翻版说辞。第三种是“新公私合营论”。将混合所有制改革曲解为新一轮“公私合营”，认为加强企业党建和工会工作是要对民营企业进行控制。诸如此类的言论造成“资本紧张”“资本恐惧”，甚至导致“资本外逃”，这是完全错误的，与《宪法》相悖，与党的大政方针相悖，中央和地方重要媒体都要旗帜鲜明地传播中央精神，抵制并批判错误观点和认识。

其次，强化资本作为生产要素的重要纽带作用。资本源于资本主义，但不是资本主义所独有，不应过度将资本与资本主义挂钩。作为与劳动、土地、技术、管理、数据同等重要的生产要素，应更加强化资本的自然属性、弱化资本的社会属性。并且，与其他生产要素相比，资本在这其中发挥着重要的纽带作用，要在全社会形成一些共识，包括但不限于“没有资本就无法发展”“不仅不能限制资本的有序扩张，还要鼓励资本有序扩张”

等，为资本有序扩张营造良好的市场环境和预期。

最后，强化资本对中国式现代化的作用。除了强化资本作为生产和要素的纽带作用，还要强化资本对中国式现代化的作用。我们要实现中国式现代化，建设社会主义现代化强国，需要资本在诸多领域发挥牵引作用，比如资本可以助力科技创新、可以助力共同富裕、可以助力城乡区域协调等。要深化资本对中国式现代化的作用，在全社会形成防止资本收缩、推动资本有序扩张的政治生态和舆论氛围。

附 录

社会主义市场经济条件下资本问题研究综述

在社会主义市场经济条件下如何发挥资本的积极作用、抑制其消极作用，一直以来是我们党的重要课题。2021年中央经济工作会议明确提出，“要正确认识和把握资本的特性和行为规律。社会主义市场经济是一个伟大创造，社会主义市场经济中必然会有各种形态的资本，要发挥资本作为生产要素的积极作用，同时有效控制其消极作用。要为资本设置‘红绿灯’，依法加强对资本的有效监管，防止资本野蛮生长。要支持和引导资本规范健康发展，坚持和完善社会主义基本经济制度，毫不动摇巩固和发展公有制经济，毫不动摇鼓励、支持、引导非公有制经济发展”。这是党中央对经济工作的重要部署，也是新时代构建更加系统完备、更加成熟定型的高水平社会主义市场经济体制面临的重大课题。围绕社会主义市场经济中的资本问题，学术界从各个方面进行了深入的研究探讨，取得了丰硕的理论成果。本文对资本的内涵、资本的特点和行为规律、我国认识对待资本的历史演进、社会主义市场经济中资本的基本情况、社会主义市场经济中资本无序扩张的危害、驾驭资本的现实路径、社会主义市场经济中的剩余价值范畴七个方面的相关研究成果进行梳理，以期引发学界对社会主义市场经济条件下资本问题的进一步思考和研究。

一、关于资本的内涵本质

什么是资本？资本的本质何在？马克思主义政治经济学与西方主流经济学有着不同的认识。学者们主要从马克思主义政治经济学的视角进行了深刻阐释，并通过对比西方主流经济学关于资本的认识，深化对资本内涵本质的全面理解。

（一）马克思主义政治经济学中的资本内涵和本质

资本是马克思主义政治经济学的基础概念和核心范畴。马克思曾经明确指出："资本不是物，而是一定的、社会的、属于一定历史社会形态的生产关系，后者体现在一个物上，并赋予这个物以独特的社会性质。"[①]学者们普遍认为，马克思的这段表述是对资本内涵和本质的重要概括。以马克思主义理论为基础，学者们对资本内涵和本质进行了具体分析。

其一，较多的学者认为资本的内涵主要包含了相互联系的两个方面：一方面，资本是一种生产要素。另一方面，资本并不仅

① 《马克思恩格斯文集》第7卷，人民出版社2009年版，第922页。

仅是生产要素，更重要的是一定的生产关系。[①]“这两种含义的资本内在地结合在一起：资本的本质是社会关系，载体则是生产要素；生产要素只有被纳入到社会关系之中才能成为资本。”[②]“资本是一种承载着历史性生产关系的、能带来价值增殖的商品生产要素。它以生产力的发展为基础，凭借制度（法律和道德）来维护市场经济当事方的权利、义务及信任关系。这是资本的共性。至于在不同社会制度规范下，资本的地位、作用及其所表现的人际关系性质等的不同，是其个性。”[③]

其二，有学者从广义和狭义对资本内涵进行了概括。“资本是一个具体的、历史范畴，其内涵有广义和狭义之分。狭义的资本是指社会属性意义上的资本，即资本主义生产关系或资本家对工人的剥削关系；广义的资本是指自然属性意义上的资本，即能够自行增殖的价值，其价值形态表现为资金，实物形态表现为资产。”[④]

其三，也有学者认为需要从多维度来理解资本内涵。比如，有学者认为需要“遵循从抽象到具体、从简单到复杂、从一般到特殊的路径，全面地、深刻地理解资本的多重内涵”，并提出

① 丰子义：《全球化与资本的双重逻辑》，《北京大学学报（哲学社会科学版）》2009年第5期；王宏波、曹睿：《公有资本范畴的生成逻辑、实践成就与时代价值》，《西安交通大学学报（社会科学版）》2021年第4期。

② 王巍：《马克思哲学视域下的资本逻辑及其批判》，《理论视野》2016年第1期。

③ 陶富源：《用中国特色社会主义制度逻辑规范资本逻辑》，《哲学动态》2018年第4期。

④ 庞庆明：《试析新时代中国特色社会主义下的公有资本与私人资本》，《教学与研究》2018年第10期。

资本包含四重含义：第一重意义上的资本，也是最抽象、最一般意义上的资本，就是一种价值，是能够使自己实现自行增殖的价值。第二重意义上的资本是指一种关系。第三重意义上的资本是指一种运动。第四重意义上的资本是指一种权利，即按照等量资本获得等量利润的规律或者原则，来实现自行增殖的本性的权利。[①]也有学者提出“资本的内涵十分丰富，需要从形式到内容、从生产力属性和生产关系属性、从资本流量和存量、从历史进步性和暂时性等多维度去理解资本”[②]。

（二）西方主流经济学中资本的内涵和本质

从资本概念的历史演进来看，“‘资本’一词在拉丁语中是caput，而cap是人体最重要的部位。在罗马的人口财产调查中，caput作为财产的计量单位来使用。经过几个世纪的历史演变，到了12、13世纪，‘资本’概念才逐渐成熟，被赋予了诸如资金、款项、存货以及生息本金等含义。而现代意义的‘资本’，可能要追溯到1770年法国经济学家杜尔哥，至此，资本才逐渐成为一个被‘驯化’了的和使用上具有基本同意内涵的成熟观念”[③]。

---

① 参见朱炳元：《马克思资本理论与社会主义市场经济》，《马克思主义研究》2008年第5期。

② 白雪秋：《资本的本质及其多重属性：马克思与西方主流经济学家的研究分歧之比较》，《湖北社会科学》2019年第5期。

③ 速继明：《对资本的充分利用：中国特色社会主义的实践探索》，《理论视野》2019年第9期。

在西方经济思想史上，经济学家们大多从生产资料、物，以及技术经济关系的角度来认识资本。比如，奥地利经济学家庞巴维克认为："一般说来，我们把那些用来作为获得物品的手段的产品叫做资本。"[①]英国经济学家J.哈维在《现代经济学》一书中认为"当经济学家提到'资本'时，通常是指被人们用来生产更多财富的财富"[②]。美国经济学家保罗·A.萨缪尔森在《经济学》中认为："资本一词通常被用来表示一般的资本品，它是另一种不同的生产要素。"[③]托马斯·皮凯蒂在《21世纪资本论》中这样认为，"资本指的是能够划分所有权、可在市场中交换的非人力资产的综合，不仅包括所有形式的不动产（含居民住宅），还包括公司和政府机构所使用的金融资本和专业资本（厂房、基础设施、机器、专利等）"[④]。《新帕尔格雷夫经济学大辞典》中对资本的界定为"作为现在和未来的产出与收入流的源泉，资本是一个具有价值的存量"[⑤]。因此，有学者认为"西方经济学的资本观点，即凡是能够引起价值增值的东西就可视为资本。这里的'东西'，既

① 季陶达：《资产阶级庸俗政治经济学选集》，商务印书馆1972年版，第386页。

② 〔英〕J.哈维著，沈志彦、周一方译：《现代经济学》，上海译文出版社1985年版，第231页。

③ 〔美〕保罗·A.萨缪尔森、威廉·D.诺德豪斯著，高鸿业等译：《经济学》第12版，中国发展出版社1992年版，第88页。

④ 〔法〕托马斯·皮凯蒂著，巴曙松等译：《21世纪资本论》，中信出版社2014年版，第46页。

⑤ 〔英〕伊特韦尔、〔美〕米尔盖特、纽曼编，陈岱孙等译：《新帕尔格雷夫经济学大辞典》第2卷，经济科学出版社1996年版，第736页。

可以是物，也可以是人本身，譬如人力资本”[①]。

（三）马克思主义政治经济学与西方主流经济学关于资本内涵的认识分歧

关于资本内涵的阐释，有学者认为“尽管西方经济学对资本的研究有其可取之处，即他们分析了资本的生产力属性，研究了如何实现资本收益最大化，阐述了资本的历史进步性，并对资本实体范围的理解也随着经济社会的发展而不断扩充，但由于一系列偏离社会经济现实的前提假设，加之过度迷信量化分析，最终导致西方经济学界对资本内涵的理解过度物化和数字化：只将资本理解为冷冰冰的物，一种能和其他生产资料等量齐观的物，并有意无意地淡化对资本本质的剖析和回避资本所体现的对抗性阶级关系；只将资本理解为一串串可以被其他生产资料替代的数字，再把这一串串代表资本量的数字代入生产函数抑或更为复杂的经济学模型中去求得最优的资本投入量。西方经济学对资本内涵理解的偏差最终导致其对经济问题的研究中只注重量的计算，而忽视从生产关系和历史性的角度去分析资本。”[②]也有学者认为，“马克思主义政治经济学重生产关系维度解析，侧重于从生产资料所有制层面进行批判和建构；而西方主流经济学重生产力维度

① 承坪、胡姜：《中国特色社会主义与资本主义对待资本的异同》，《学习与探索》2017年第11期。

② 白雪秋：《资本的本质及其多重属性：马克思与西方主流经济学家的研究分歧之比较》，《湖北社会科学》2019年第5期。

的解析，侧重于从生产要素层面进行应用。前者重本质分析，后者重现象分析，这常常引发彼此间的理论之争，且其焦点还在于各自研究范式和价值立场的差异，由此便引发了经济制度和政策层面的分野”[①]。

概言之，相较西方主流经济学对资本内涵的阐释，学者们普遍认为马克思主义政治经济学表现出了巨大的优越性，这种分析方法不是孤立地研究作为生产要素的资本，也不只是抽象地停留在生产关系的层面，而是始终坚持生产力与生产关系相统一的原则，从而指明了资本作为生产要素和作为生产关系的双重属性，揭示了资本的本质是以生产要素等物为载体而承载的一种生产关系。

二、资本的特点和行为规律

资本有着一般性的特点和行为规律，具体到不同的社会制度性中也有着自身的特殊性。学者们围绕资本的特点和行为规律，主要从以下四个方面展开。

（一）资本的一般特点

从当前学者们的研究分析来看，资本主要包括以下特点：

① 金栋昌、王宏波：《社会主义市场经济中的资本：认知转型、理论确证与应用方法论》，《经济纵横》2021年第7期。

（1）价值增值性。资本的本性是对剩余价值的无止境追求。资本具有增值性是理论界的共识，学者们主要从马克思主义资本理论出发深刻阐述了资本的增值特点。（2）资本运动性。资本只有不断运动才能增殖，资本正是通过单个生产过程的循环往复以及生产范围的不断扩大，在时间和空间两个维度上最大限度地攫取剩余价值，从而实现自身的不断增殖。围绕资本的运动性特点，学者们主要从资本的全球扩张即资本全球化①、资本运动过程的历史发展阶段、资本运动中采取的资本形态等多个方面进行了深刻分析。②（3）资本社会性。马克思指出："黑人就是黑人。只有在一定的关系下，他才成为奴隶。纺纱机是纺棉花的机器，只有在一定的关系下，它才成为资本。脱离了这种关系，它也就不是资本了。"③学者们普遍认为，资本本质上是一种生产关系，具有社会性特点。（4）资本竞争性。也有学者从资本与资本的关系出发，来阐述资本在追求价值增殖的过程中相互之间所呈现的竞争性特点，这种竞争性是资本内在本性的必然表现。④（5）资本历史性。资本阶段是商品经济发展的高级阶段，资本本身作为一个矛盾体，在肯定自己的同时也在不断地否定自己，通过发展自己走

① 参见丰子义：《全球化与资本的双重逻辑》，《北京大学学报（哲学社会科学版）》2009年第5期。

② 参见朱炳元：《马克思资本理论与社会主义市场经济》，《马克思主义研究》2008年第5期。

③ 《马克思恩格斯选集》第1卷，人民出版社2012年版，第340页。

④ 参见周丹：《社会主义市场经济条件下的资本价值》，《中国社会科学》2021年第4期。

向了自己的对立面。学者们纷纷从资本的产生发展、资本的内在矛盾①、资本积累的历史趋势②、资本的弹性和限度③分析了资本的发展趋势，揭示了资本的历史性。

与此同时，有学者从资本的历史发展阶段来揭示资本的特点和行为规律，④也有学者从资本的二重性出发来揭示资本的根本特性。学者们认为，“在资本的逻辑中，它既能够借助物的力量塑造文明，又必然借由一定的生产关系追求价值增殖”⑤。因此，有学者认为，“从资本的形成背景与作用方式看，贯穿生产、分配、流通、消费、竞争等社会生产全部环节的二重性是资本的根本特性”⑥。

（二）资本的作用

学者们普遍认为，“在资本的逻辑中，它既能够借助物的力量塑造文明，又必然借由一定的生产关系追求价值增殖”⑦。这表明资本具有两方面的作用：一方面，资本的积极作用。马克思在

---

① 参见王巍：《马克思视域下的资本逻辑批判》，人民出版社2006年版，第103页。

② 参见白雪秋：《资本的本质及其多重属性：马克思与西方主流经济学家的研究分歧之比较》，《湖北社会科学》2019年第5期。

③ 参见张严：《从危机应对看资本逻辑的弹性与限度》，《社会科学》2017年第10期。

④ 参见董小君：《把握资本行为规律　防止资本无序扩张》，《光明日报》2021年12月21日。

⑤ 代金平：《超越资本逻辑：社会主义基本经济制度的创新与发展》，《马克思主义研究》2021年第5期。

⑥ 蔡之兵：《正确认识和把握资本的特点和行为规律》，《学习时报》2021年12月22日。

⑦ 代金平：《超越资本逻辑：社会主义基本经济制度的创新与发展》，《马克思主义研究》2021年第5期。

批判资本逻辑的同时，也深刻揭示了资本创造文明的作用。马克思曾经指出，“资本的文明面之一是，它榨取剩余劳动的方式和条件，同以前的奴隶制、农奴制等形式相比，都更有利于生产力的发展，有利于社会关系的发展，有利于更高级的新形态的各种要素的创造”[①]。学者们对于资本的积极作用主要从以下四个方面进行了分析。(1)实现了财富积累，促进了生产力的发展。(2)开拓了世界市场，推动了全球化发展。(3)与以往社会形态相比，提升了人的主体性。[②](4)推动现代社会发展[③]。

另一方面，资本的消极作用。有学者把资本的消极作用概括为四个层面的表现：(1)“自然异化”。即资本的“增殖原则”使得资本对自然界的控制、利用、开发乃至破坏是无止境的；(2)“社会的分化”。资本现代性模式是建立在资本剥削劳动的基础上的，它必然会带来“资本积累”与“贫困积累”，导致严重的社会分化和阶级对抗。(3)“全球冲突”。资本的全球扩张，必然将资本与劳动的矛盾与对抗带向整个世界，其显著表现就是殖民主义和帝国主义的侵略、剥削与压迫。全球冲突不仅表现在发达国家与发展中国家之间、西方与东方之间，而且也表现在西方发达国家之间。(4)“人的物化”。在资本统治的世界，人们追求对物的占有，把获取物质财富当作人生的唯一或根本目的，人的

① 马克思：《资本论》第1卷，人民出版社2004年版，第927—928页。

② 参见孙庆民：《论资本的出场、在场和退场》，《马克思主义研究》2013年第11期。

③ 参见程承坪、胡姜：《中国特色社会主义与资本主义对待资本的异同》，《学习与探索》2017年第11期。

发展实际上变成了物性化、片面化的发展。[①]

（三）资本主义制度下资本的特点和行为规律

资本是一般性与特殊性的统一。有学者认为，一般性是资本的自然属性，特殊性指的是与不同社会经济制度结合在一起，所呈现出不同的社会属性。[②]在资本主义制度下，资本逐利的本性充分彰显，资本主义的一切生产活动全部是围绕着对剩余价值的追逐进行的。因此，资本主义市场经济所具有的巨大创造力和活力并不能掩盖其所存在的严重弊端和给社会带来的巨大破坏力，资本逻辑最终导致了资本主义陷入困境[③]。围绕资本逻辑与资本主义困境，学者们展开了深入研究。

有学者从当代资本主义资本的新特征出发，认为"随着资本垄断化、金融化和经济全球化程度不断加深，资本主义金融危机与经济危机跌宕起伏，资本主义社会贫富两极分化和人的发展危机日趋严重，当代资本表现出增殖逻辑整体强化、扩张逻辑持续加强和物化逻辑愈加凸显的嬗变图景，亦不断滋生出自我否定和自我扬弃的因素"，"在（私有）资本逻辑主导下，垄断资本能够

---

① 参见唐爱军：《中国道路：超越资本现代性》，《北京大学学报（哲学社会科学版）》2020年第3期。

② 参见周丹：《社会主义市场经济条件下的资本价值》，《中国社会科学》2021年第4期。

③ 参见李民圣：《社会主义市场经济是对资本主义市场经济的全面超越和扬弃》，《红旗文稿》2018年第1期。

轻松地通过操纵金融市场等手段加快财富流转和集中的速度，而不论何种改良措施对此都收效甚微抑或无能为力，甚至其本身就是资本家剥削劳动人民的伪善帮凶，这必然导致资本主义社会贫富两极分化趋势不断扩大”①。

有学者分析了当前资本主义在经济、政治、社会、文化方面的困境，认为“冷战结束以后西方世界凭借全球性霸权力量实现了前所未有的全球市场的扩张，取得了空前的繁荣但也埋下了深刻的祸根。2008年国际金融危机以来西方世界普遍出现的困境，是资本逻辑驱动的必然结果，尽管在经济、政治、社会和文化等方面的困境具体表现有所不同，但根源都在于西方的经济社会发展与国际扩张本质上是一种资本主导的过程，而资本主导的逻辑也决定了西方的自我调节的限度，因而也难以摆脱周期性危机的困境”②。

有学者认为资本主义困境根源在于资本的内在否定性，并分析了资本支配下的生产的四个悖论。第一个是必要劳动与工人工资的悖论，由此不可避免地导致贫困积累和生产过剩。第二个是资本的剩余价值与工人的剩余劳动的悖论。在生产过程中，工人的剩余劳动凝结在商品当中。只有这些商品能够流通出去，才能转化为剩余价值。剩余劳动转化为剩余价值所面临的根本性难题

① 代金平：《超越资本逻辑：社会主义基本经济制度的创新与发展》，《马克思主义研究》2021年第5期。

② 黄相怀：《论资本的逻辑、资本主义的困境与中国特色社会主义的自觉——兼论“我们依然处在马克思主义所指明的历史时代”》，《社会主义研究》2020年第3期。

是，资本的无限增殖和无限扩张。第三个是货币与生产的悖论。在金融资本日益成为资本一般形式的现代社会，货币对生产的限制越发明显。第四个是使用价值与交换价值的悖论。这一悖论的后果是，一方面社会经济虚假繁荣，另一方面社会两极分化越发严重。概言之，资本的社会属性与资本主义生产方式相关联，终将成为生产力发展的桎梏。①

（四）社会主义制度下资本的特点与行为规律

围绕社会主义制度下资本的特点与行为规律，学者们主要从三个方面进行了研究。第一，社会主义制度存在资本的理论依据。第二，社会主义制度下资本的特点。第三，社会主义制度下资本的具体形态（第四部分具体阐述）。

1. 社会主义制度存在资本的理论依据

学者们主要从理论逻辑和现实逻辑分析了社会主义市场经济条件下资本存在的必要性与现实性。学者们普遍认为，马克思、恩格斯所设想的未来社会主义社会，是以资本主义高度发达的生产力为基础，并具有高于资本主义的生产力水平。由于我国社会主义是建立在资本主义发展不充分和半殖民地、半封建社会基础上，因而，生产力水平不仅低于发达资本主义国家，更与马克思、恩格斯所设想的未来共产主义社会存在巨大差距。如何弥补差距，

① 参见周丹：《社会主义市场经济条件下的资本价值》，《中国社会科学》2021年第4期。

实现真正跨越呢？马克思、恩格斯的“跨越资本主义卡夫丁峡谷”理论为我们提供了方法论依据，那就是必须大力发展生产力，才能积累高度发达的物质技术基础，从而实现向社会主义社会的真正跨越。[①]共产主义理想社会只能以先进生产力为基础，社会主义改革选择市场经济，在很大程度上遵循了生产力第一，从生产资料转移至劳动能力，进而重新认识了资本。如果说，市场经济的灵魂是劳动竞争，而竞争的关键是资本运用的话，中国改革选择了社会主义市场经济，就是看中了资本对生产力的促进作用。[②]

也有学者从现实情况出发，把社会主义社会存在资本的依据概括为两个方面。一方面，在公有制经济内部，尽管劳动者在生产资料占有方面的“所有者缺位”状况，使得社会主义的劳动力商品化问题显得十分复杂。但无法否认的是，商品经济阶段仍然需要市场配置劳动力资源。劳动者通过签订劳动合同等方式转让自身的劳动力所有权，劳动力仍然在很大程度上具有商品属性，从而一切劳动产品和劳动者创造的剩余价值，都表现为资本的价值形态。另一方面，现阶段我国生产资料所有制结构仍然是公有制经济与非公有制经济并存的格局，资本在社会范围的广泛存在，是不同所有制之间以及公有制内部存在商品交换关系的必然结果。归根结底，现阶段我国存在资本范畴的历史必然性是由我国所处

① 参见吴荣军：《从利用资本主义发展生产力到创新社会主义发展——以俄国和中国为例》，《江苏社会科学》2016年第5期。

② 参见余金成：《社会主义市场经济是资本逻辑与人类发展逻辑的统一》，《社会主义研究》2018年第4期。

的社会经济形态决定的，因此，应该在资本产生、发展到消亡的客观历史进程中把握我国社会主义经济条件下的资本范畴。[1]

2. 社会主义制度下资本的特点

学者们认为，在社会主义制度下的资本也具有一般性与特殊性。一方面，从一般性而言，"资本作为具有历史性的客观存在，其历史功能的发挥不以何种社会制度为转移，在我们所处的社会条件下，它依然是推动生产力发展的重要因素。作为市场经济中社会生产赖以进行的条件，资本也是配置社会资源的经济运作方式，价值规律是其无法避开的运行规则。由此，在社会生产力的非实体性要素中，资本要素由于内在的增殖逻辑而逐渐扩张"[2]。

另一方面，学者们重点探讨了社会主义制度与资本主义制度中资本的差异性。有学者认为，社会主义制度要想最大程度地发挥资本推动经济的作用，就要拓展社会主义制度下资本的内涵，使其衍生出拥护政府主导性、公有（资本）主体性、劳企两利性和大众福祉性等丰富的实践特征。[3]有学者认为社会主义制度能够利用资本又超越资本逻辑关键在于以下三点：其一，公有制为主体的所有制结构扬弃和超越了资本逻辑，为中国经济长期向好奠定坚实制度基

① 参见周绍东：《社会主义市场经济中的"资本"范畴》，《政治经济学研究》2021年第3期。

② 卢德友、兰奎：《试论社会主义历史条件下资本要素的双重性》，《湖北大学学报（哲学社会科学版）》2017年第4期。

③ 参见陶富源：《用中国特色社会主义制度逻辑规范资本逻辑》，《哲学动态》2018年第4期。

础。其二，按劳分配为主体的分配方式扬弃和超越了资本逻辑，为实现共同富裕目标筑牢强大制度保障。其三，社会主义市场经济体制扬弃和超越了资本逻辑，为市场与政府双重调节提供有力制度支撑。①有学者认为，中国特色社会主义与资本主义对待资本的不同点主要有三个方面：一是出发点与落脚点不同。资本主义的出发点和落脚点都是资本，社会主义中的资本不是目的而是手段，社会主义的出发点和落脚点是人民。二是经济逻辑不同。资本主义的经济逻辑是资本逻辑，企业所有权的构建以资本为核心，追求资本所有者的利润最大化。而中国特色社会主义实行资本逻辑与劳动逻辑并重的经济逻辑，企业所有权由资本所有者和劳动者共同分享，形成两种权利相互制衡的格局。三是约束条件不同。资本主义社会对待资本遵循自由、平等原则，这也是对资本的约束条件。但其追求的是形式上的自由与平等，而对实质上的自由与平等不加顾及。中国特色社会主义社会要追求实质上的自由与平等，就必须创造条件维持资本与劳动力权利的基本平衡和相互制约，遏制资本的负面影响，从而最大限度地使资本服务于经济社会。②有学者具体探讨社会主义公有资本与资本主义私有资本运行模式的差异，指出社会主义公有资本运行模式和资本主义私有资本运行机制虽有一定的共性，但其前提和结果不同，控制资本的方式和主体不同，资本和劳动的关系

① 参见代金平：《超越资本逻辑：社会主义基本经济制度的创新与发展》，《马克思主义研究》2021年第5期。

② 参见程承坪、胡姜：《中国特色社会主义与资本主义对待资本的异同》，《学习与探索》2017年第11期。

不同，提供劳动的条件不同，价值实现和分配方式不同，不同前提使资本和劳动以不同方式结合，并决定了资本积累的目的、方式和用途。[①]有学者认为社会主义市场经济兼具“先进生产力和共同富裕生产关系”，意味着资本逻辑与人的发展逻辑可望达到高度统一：一方面，资本逻辑借助市场对资源配置起决定性作用，加快社会财富积累；另一方面，人的发展逻辑借助政府更好发挥作用，帮助弱势群体提高劳动能力，推动市场竞争向共同富裕目标转变。[②]

三、我国认识利用资本的历史脉络

新中国成立以来，我国对资本范畴的认识经历了一个曲折的过程，从不认可到有限度认可、从教条式认识到辩证认识再到理性建构的转型。学者们对新中国成立以来资本的发展实践历史进行了系统梳理，并把新中国成立之后资本的实践发展概括为以下四个历史发展阶段。

第一个阶段，1949—1978年。面对人类历史上如何利用资本建设社会主义这一崭新课题，中国共产党主要从马克思、恩格斯的理论阐述和苏联社会主义的实践中汲取认识和利用资本的经验。总体来讲，这一时期中国确立了计划经济体制，集中全国力量建立起了

① 参见陈鹏：《社会主义公有资本运行模式是对资本主义私有资本运行机制的扬弃》，《马克思主义研究》2017年第4期。

② 参见余金成：《社会主义市场经济是资本逻辑与人类发展逻辑的统一》，《社会主义研究》2018年第4期。

工业和国防体系，对改革开放后的发展做出了奠基性贡献，但其否认资本、商品和货币，用行政权力配置资源导致企业和个人在生产中缺乏积极性，社会缺少持续扩大再生产的动力机制，社会消费品短缺，社会主义建设亟待重新审视资本、商品和货币的历史作用。[①]

第二个阶段，1978—1992年。有学者提出这一时期党和国家开始逐步深化对资本历史作用的认识，对资本的态度从计划经济时期的全面否定转向了尝试利用。这一时期中国特色社会主义资本观集中体现在邓小平关于民营资本及外国资本这两种私人资本问题的观点态度和政策主张上。总体来看，改革开放初期中国共产党主要是将剥削性私人资本当作经济发展的方式和手段，尚未论及国有资本、集体资本等非剥削性资本的概念。[②]

第三个阶段，1992—2012年。这一时期，在实践中将私人资本和公有资本统一为社会主义市场经济的资本要素，平等竞争，优胜劣汰。因此，也有学者认为这一阶段主要是在批判与构建中将“公有资本”与“私有资本”深度融合。[③]

第四个阶段，2012年至今。有学者提出，针对政府过多干预市场运行，市场配置资源作用并未充分发挥，国有资本比重下

---

① 参见胡博成：《新中国70年资本的社会主义化：历史、经验和实践导向》，《西南大学学报（社会科学版）》2019年第5期。

② 参见庞庆明：《中国特色社会主义资本观：历史溯源、当代发展与新时代阐释》，《西北大学学报（哲学社会科学版）》2018年第1期。

③ 参见速继明：《新中国70年中国特色社会主义资本逻辑演变及构建》，《内蒙古社会科学》2020年第3期。

降，私人资本渗透到医疗保健、文化教育、生态环境等社会各领域，资本在某些领域无序扩张带来诸多负面效应等问题，党的十八大以来，中国共产党确立利用法治经济全面发展公私资本的资本观，利用法治经济发展资本。①也有学者认为，这个阶段是社会主义驾驭资本的深入发展阶段。②

四、社会主义市场经济中的资本情况

资本不是资本主义的特有范畴，而是市场经济的共有范畴。③在市场经济条件下，任何物一旦作为生产资料，就具有了资本属性。因此，在社会主义市场经济条件下，资本有公有资本与私人资本之分。

公有资本是社会主义市场经济同生产资料公有制结合而成的新的资本类型，其实质是能带来国有剩余价值或集体剩余价值的价值。公有资本具有资本的一般性质，即在运动中实现增殖以及形成对劳动的外在强制。④与私人资本相比，公有资本的特征可

① 参见庞庆明：《中国特色社会主义资本观：历史溯源、当代发展与新时代阐释》，《西北大学学报（哲学社会科学版）》2018年第1期。

② 参见邱卫东、高海波：《新中国70年来探索驾驭资本发展的历程、经验和启示》，《理论导刊》2019年第8期。

③ 参见王敏、顾丽娟：《中国特色社会主义驾驭资本的优势》，《改革与战略》2020年第10期。

④ 参见周绍东、陈艺丹：《社会主义市场经济中的“资本”范畴》，《政治经济学研究》2021年第3期。

以归纳为：从生产前提看，公有资本由劳动人民平等占有；从生产决策看，公有资本是有计划运行的；从生产结果看，公有资本收益为人民所共享。[①]这些特征使得公有资本具有独特的优势：其一，既能按照市场经济规律运行，又能克服传统的资本逻辑。[②]其二，代表国家利益，能够履行社会综合职能，具体包括在公益性产业和公共产品供给中发挥保障作用、对贯彻落实国家战略和政策发挥支撑作用、在应对重大灾害和突发性危机中发挥先锋作用、在保障我国市场经济社会主义方向上起主导作用。[③]

公有资本按要素形式划分主要包括：国有化的土地、公有化的资本一般、非土地类的公有资产。[④]中国社会科学院财政税收研究中心“中国政府资产负债表”项目组对“中国政府资产”的界定和统计能够帮助我们从这一角度粗略地考察公有资本的存量。中国政府资产包括三大类：第一类是服务性资产，它分为金融资产（包括财政性金融资产、全国社保基金、其他金融资产）、固定资产（包括基础设施、其他固定资产）、存货及相关资产、无形资产。第二类是财力性资产，它分为国有经济（包括企业的国有净资

① 参见庞庆明：《试析新时代中国特色社会主义下的公有资本与私人资本》，《教学与研究》2018年第10期。

② 参见周丹：《社会主义市场经济条件下的资本价值》，《中国社会科学》2021年第4期。

③ 参见王宏波、曹睿：《公有资本范畴的生成逻辑、实践成就与时代价值》，《西安交通大学学报（社会科学版）》2021年第4期。

④ 参见周丹：《社会主义市场经济条件下的资本价值》，《中国社会科学》2021年第4期。

产、金融机构的国有净资产）、资源性资产（包括土地资产、矿产资产、森林资产、水资产）、无形资产。第三类是其他政府资产。根据《中国会计年鉴2019》数据测算，截至2017年末，服务性资产的总额为495855.22亿元，财力性资产合计为1230967.47亿元。[①]

公有资本，尤其是作为其主体的国有资本，其作用主要包括：其一，通过战略性重组和布局优化，对基础部门、战略部门加大投资，为非公有资本生产经营创造了基本条件。其二，对不确定性高的科技创新领域长期投入大量资金，促进技术研发和转化应用。其三，在经济短期变化中保证了生产的连续性、稳定性，有效阻止了我国经济出现衰退，促进经济增长保持健康稳定。[②]

与公有资本相对，私人资本是带来私人剩余价值的价值，这类资本及其剩余价值的所有权直接归资本家个人所有。一方面，私人资本对利润最大化的不变追求决定了其生产过程的盲目性，造成了收入分配两极分化等社会经济问题。另一方面，受到社会主义生产关系的引导和规定，社会主义市场经济中的私人资本也表现出了区别于资本主义经济的特殊性，即对国家宏观调控和战略安排的服从。从我国现阶段私人资本的现实运行来看，资本逐利的一般性质仍然是矛盾的主要方面，而服务于社会主义生产目

---

① 参见中国社会科学院财政税收研究中心“中国政府资产负债表”项目组：《中国政府资产负债表2019》，《财经智库》2019年第5期。

② 参见谢富胜、王松：《在协同竞争中推动公有制经济与非公有制经济共同发展》，《教学与研究》2020年第12期。

的的特殊性则处于矛盾的次要方面。[①]在社会主义市场经济中的私人资本并非可有可无，而是其中的必要部分和有益成分。一方面，私人资本释放了个体经济、私有经济、民间资本的能量，激发了各类生产要素的积极性，是社会生产力发展的重要驱动力。[②]另一方面，在市场经济条件下，私人资本的存在对公有资本形成了竞争的压力；在推行混合所有制经济的改革中，私人资本的加入能够形成对公有资本的有效监督，优化了公有资本的实现形式，提高了公有资本的实现效率。

私人资本经济包括民营经济、外资经济以及混合所有制经济中的民营成分和外资成分。可以说，民营经济已经成为国民经济的重要组成部分。此外，随着民营经济在全国税收收入中的比重不断提高，吸纳就业能力显著增强，在教育、扶贫、救灾等慈善事业中的社会责任感和参与度越来越高，其已经成为和谐社会的重要建设力量。民营经济在推动物流、军工、金融等垄断行业开放中发挥了重要作用，在产业创新中捷足先登，在产业分布上逐渐合理，已经成为产业转型的重要动力来源。民营经济发展的质量和效益稳步提升，竞争优势相对突出，国际市场影响力日益增强，已经成为市场竞争的重要参与主体。民营经济研发投入不断提升，专利产出不断增加，新产品开发效益不断提高，在高新技术企业中的先

---

① 参见周绍东、陈艺丹：《社会主义市场经济中的“资本”范畴》，《政治经济学研究》2021年第3期。

② 参见速继明：《新中国70年中国特色社会主义资本逻辑演变及构建》，《内蒙古社会科学》2020年第3期。

锋作用越发突出，已经成为科技创新的重要驱动因素。[①]

五、社会主义市场经济中资本无序扩张的危害

改革开放以来，我国资本获得了快速的发展。但由于种种原因，在一些领域也出现资本无序扩张的现象，导致一些负面后果。学者们从经济、政治、文化、社会民生方面对资本消极作用的后果进行深刻分析。

经济领域，资本无序扩张既影响效率，也损害公平。我国个别金融企业和房地产企业无序扩张导致巨大风险向社会扩散，个别平台依托垄断地位“两头吃”，侵害普通经营者和广大消费者利益，通过操纵算法影响资源优化配置、侵吞生产者和消费者福利以攫取最大利润，打压中小企业创新，这些都是资本无序扩张的后果。

政治领域，资本无序扩张影响党和政府践行以人民为中心的发展思想。资本在获取经济利益之后，对个别政府工作人员进行渗透，甚至通过贿选、形成利益联盟等方式，间接影响政权运行。这是对我国党的领导这一根本制度的挑战，是对人民代表大会制度的挑战，是对社会主义民主政治的挑战，是对国家法律和党的纪律的挑战，触碰了中国特色社会主义制度底线和中国共产党执政底线。

---

① 参见王海兵、杨蕙馨：《中国民营经济改革与发展40年：回顾与展望》，《经济与管理研究》2018年第4期。

文化领域，资本无序扩张挑战社会主义核心价值观。意识形态领导权、话语权属于上层建筑范畴，资本一旦超出其作为文化产业生产要素的经济功能，染指塑造意识形态、影响价值观、进行社会政治动员等领域，就会严重威胁国家文化安全和意识形态安全。在资本扩张的影响下，我国文化艺术领域出现过度商业化、娱乐化倾向。国际资本利用文化艺术领域进行意识形态渗透，也是不可忽视的风险。

社会民生领域，资本无序扩张让老百姓背上沉重负担。医疗、教育、养老等是关系基本民生和社会公平的特殊商品，必须坚持公益性方向。人民群众所深恶痛绝的某些平台垄断、教育课外培训负担过重、看病难看病贵，归根到底就是资本逐利的动机让这些领域的生产目的发生异化。①

六、社会主义市场经济中引导资本健康发展的路径

资本是社会发展的必经阶段，中国特色社会主义正处于这一历史阶段，资本的历史任务就是通过对价值增殖的追求来推动生产力的发展，进而实现人的全面发展。为了实现资本在中国特色社会主义初级阶段的历史任务，必须寻求在社会主义市场经济中驾驭资本的实践路径。

---

① 参见江宇：《防止资本无序扩张　引导各类资本健康发展丨党校学员“两带来”》，《中国党政干部论坛》2021年第11期。

第一，要加强中国共产党在驾驭资本中的领导地位。其一，私人资本固有的增殖逻辑很难与社会大众的利益保持一致，中国共产党坚持以人民为中心的发展思想，能够确保劳动者成为国家真正的主人。其二，中国共产党坚持马克思主义理论的指导，能够根据变化了的实际通过改革开放和自我革命主动自觉调整经济基础和上层建筑，有智慧、有能力驾驭资本。其三，中国共产党的领导是公有制主体地位的政治保证，只有在中国共产党的领导下，代表广大人民利益的公有制经济才能得到巩固和发展。①此外，还有学者从中国共产党及其实行的全面依法治国、人民代表大会制度这一根本政治制度、社会主义核心价值观等角度论述中国共产党驾驭资本的领导地位。②

第二，要加强国家发展规划对各类资本的战略配置导向。其一，对国家重大建设项目、生产力布局和国民经济重要比例关系等作出规划，为国民经济发展远景规定目标和方向，引导各类资本流向规划所确定的方向和行业。其二，实施精准的产业政策，主要是选取对于经济社会发展和国家安全具有带动示范效应的技术和产业，引导各类资本聚集，提升国家的整体创新能力和价值链上的位置。其三，实施区域发展战略，通过各种优惠政策和激励措施引导各类资本流向特定区域和地区，实现区域之间发展的

① 参见王敏、顾丽娟：《中国特色社会主义驾驭资本的优势》，《改革与战略》2020年第10期。

② 参见牛俐智：《“驯服资本”与中国特色社会主义道路的发展》，《社会主义研究》2017年第1期。

平衡性和协调性。[①]

第三，要激发资本促进生产力发展的积极作用。其一，遏制、消除前资本主义的落后和腐朽的因素及其影响[②]，构建“亲”和“清”的新型政商关系[③]，杜绝“权力寻租”和“裙带关系”。其二，破除不利于资本积极发展的体制机制弊端，深化劳动力市场、产权市场等领域的市场化改革，激发资本创新活力的增值空间。[④]其三，加快形成融资功能完备、基础制度扎实、市场监管有效、投资者合法权益得到有效保护的立体化、多层次资本市场体系。[⑤]其四，优化公有资本“统分结合”双层运行机制[⑥]，深化公有制与市场经济相结合的现代企业制度[⑦]，强化公有资本的主导地位，丰富公有资本的实现形式。[⑧]其五，巩固市场对资源配置起决

---

① 参见李民圣：《社会主义市场经济是对资本主义市场经济的全面超越和扬弃》，《红旗文稿》2018年第1期。

② 参见叶险明：《驾驭“资本逻辑”的中国特色社会主义初论》，《天津社会科学》2014年第3期。

③ 参见张开：《如何理解资本二重性——兼论新型政商关系的政治经济学基础》，《教学与研究》2020年第9期。

④ 参见邱卫东、高海波：《新中国70年来探索驾驭资本发展的历程、经验及启示》，《理论导刊》2019年第8期。

⑤ 参见速继明：《新中国70年中国特色社会主义资本逻辑演变及构建》，《内蒙古社会科学》2020年第3期。

⑥ 参见陈鹏：《社会主义公有资本运行模式是对资本主义私有资本运行机制的扬弃》，《马克思主义研究》2017年第4期。

⑦ 参见速继明：《新中国70年中国特色社会主义资本逻辑演变及构建》，《内蒙古社会科学》2020年第3期。

⑧ 参见金栋昌、王宏波：《社会主义市场经济中的资本：认知转型、理论确证与应用方法论》，《经济纵横》2021年第7期。

定性作用的政策环境，提高资本作为生产要素在市场经济中的活力、流动性和配置效率。

第四，要防范资本无序扩张的消极作用。其一，设置行业的“红绿灯”，坚持土地、矿产等自然资源的国有，在关系国计民生、社会公平、意识形态等领域，对资本准入设置门槛，出台规范限制准入、禁止准入清单。[①]其二，戴上经营的“紧箍咒”，建立符合社会状况的环境保护体系、社会保障体系和税收体系，用明确的法律和行政手段划定资本运营的范围和规则。[②]其三，安装利益的“调节器”，推动以工会、妇联、商会等为代表的社会组织在社会公共利益协商平台上与资本协商对话，限制企业层面资本主导权对公众利益的侵蚀。[③]其四，鼓励国有资本以不同方式、不同比例参股私营企业，发挥公有制经济作为“普照的光”引导非公有制经济发展的重要作用，统合私人资本成为建设中国特色社会主义的积极力量。[④]其五，通过强化事前、事中的动态监管，打击滥用市场支配地位、猎杀式并购、排他限制性交易，强化反

① 参见江宇：《防止资本无序扩张　引导各类资本健康发展》，《中国党政干部论坛》2021年第11期。

② 参见邱卫东、高海波：《新中国70年来探索驾驭资本发展的历程、经验及启示》，《理论导刊》2019年第8期。

③ 参见牛俐智：《“驯服资本”与中国特色社会主义道路的发展》，《社会主义研究》2017年第1期。

④ 参见周绍东、陈艺丹：《社会主义市场经济中的“资本”范畴》，《政治经济学研究》2021年第3期。

垄断规制。[①]

七、社会主义市场经济中的剩余价值范畴

马克思经济理论的研究对象是资本主义生产方式，其中，劳动价值论是马克思经济理论的基石，与资本紧密联系的剩余价值理论是马克思经济理论的核心。在社会主义初级阶段承认资本范畴存在的前提下，经济学界围绕如何看待剩余价值范畴展开了广泛而激烈的争论。

（一）否认剩余价值范畴的适用性

有学者指出，决定剩余价值范畴适用性的不是资源分配方式（市场经济或计划经济），而是生产资料所有制。剩余价值属于资本主义特有的价值范畴，马克思用剩余价值理论揭示了私有制是贫困产生、剥削产生的总根源，如果剩余价值理论能恰如其分地解释我国社会经济发展，就否定了公有制在我国所有制关系中的主体地位。将反映资本主义经济运行规律的价值范畴——“剩余价值”范畴用于研究中国特色社会主义市场经济的运行，是混淆了不同生产关系条件下市场经济的本质差别。习近平新时代中国特色社会主义经济思想提出了“人民逻辑”的思想主线，

① 参见倪红福、冀承：《中国平台反垄断政策的过去、现在与未来》，《改革》2021年第11期。

初构了中国特色社会主义政治经济学的逻辑主线。应以此作为理论依据，在劳动价值理论的基础上，确立中国特色社会主义“为人民的劳动”“为人民的商品”“为人民的价值”的概念，最终构建中国特色社会主义政治经济学“以人民为中心”的价值范畴。[①]此外，还有部分学者承认剩余劳动与剩余产品范畴在社会主义政治经济学中的适用性（即承认二者的一般性），却不承认剩余价值范畴的适用性（即不承认剩余价值范畴的一般性），主张用“剩余产品价值”“价值剩余”等概念代替“剩余价值”。[②]

（二）承认剩余价值范畴的适用性

1. 剩余价值范畴适应性的依据

其一，有学者将剩余价值范畴与扩大再生产联系起来，指出任何社会的发展都必须以能带来剩余产品的扩大再生产为前提，所以扩大再生产也是劳动过程的范畴。与此相适应，剩余价值不是资本主义的特有范畴，而是一切扩大商品生产条件下的共有范畴，所以社会主义扩大商品生产所带来的剩余产品也表现为剩余价值。[③]其二，有学者将剩余价值范畴与劳动者的剩余劳动时间联

① 参见王丰：《中国特色社会主义政治经济学“以人民为中心”价值范畴的初构——兼论“剩余价值”范畴的适用范围》，《改革与战略》2020年第5期。

② 参见许涤新：《论社会主义的生产、流动与分配：读〈资本论〉笔记》，人民出版社1979年版；伍柏麟：《社会主义经济中存在的不是“剩余价值”而是“价值剩余”范畴》，《复旦学报（社会科学版）》1984年第3期。相关梳理参见：谢超：《剩余价值理论在社会主义政治经济学中的适用性：对一个新范式的形成脉络的考察》，《政治经济学评论》2021年第6期。

③ 参见《卓炯自选集》，云南人民出版社1991年版，第197—203页。

系起来，指出对于剩余价值概念的界定——从量的规定性上看即超过原预付货币额的增殖额，从质的规定性上看即剩余劳动时间的凝结——同样适用于社会主义。[①]其三，有学者将剩余价值范畴与资本范畴联系起来，指出现阶段我国存在资本范畴的历史必然性是由我国所处的社会经济形态决定的，因此，应该在资本产生、发展到消亡的客观历史进程中把握我国社会主义经济条件下的资本范畴以及与之相联系的剩余价值范畴。[②]

2.剩余价值范畴的分类

有学者指出，可以将剩余价值概念区分为“私人剩余价值”和“公有剩余价值”。在社会主义条件下，国有企业（国有资本）获取的是“国有剩余价值”，集体所有制企业（集体资本）获取的是“集体剩余价值”，二者都是以最大限度满足人民物质文化需要为最终目的的“公有剩余价值”的具体形式。非公有制企业（包括私营企业、外资企业等）获取的则是带有剥削性质的“私人剩余价值”。[③]在此基础上，该学者主张“以剩余价值理论为主线（红线）来展开中国特色社会主义政治经济学体系……那种认为……市场经济的剩余劳动不转化为剩余价值，公有资本不带来公有剩余价值及其转化形式即公有利润……等观点，均无益于中

---

① 参见蒋学模：《马克思劳动价值理论在社会主义市场经济中的应用》，《复旦学报（社会科学版）》2004年第1期。

② 参见周绍东、陈艺丹：《社会主义市场经济中的“资本”范畴》，《政治经济学研究》2021年第3期。

③ 程恩富：《中国特色社会主义政治经济学研究十大要义》，《理论月刊》2021年第1期。

国特色社会主义政治经济学逻辑自洽性的最佳发展”。[①]

还有学者指出，按照取得剩余方式的差异，任何社会生产方式都可以还原为纯粹的绝对剩余生产和纯粹的相对剩余生产这两种“理想类型”的组合。在前者的情况中，剩余的榨取完全建立在强制力或动员的基础上，并且与生产力的进步无关；在后者的情况中，剩余的榨取则完全来自生产力的进步，二者的提高齐头并进。社会生产方式与人类社会经济形态不断进步的过程，也是纯粹的相对剩余生产的比重不断提高的过程。以此为基础，该学者提出了一个社会剩余价值生产的理论参照系，以解释市场经济一般的“动态效率”及其解放发展生产力的作用。[②]

3. 社会主义市场经济条件下剩余价值的生产与分配

有学者认为，资本创造剩余劳动的目的以及补偿剩余劳动的方式与资本背后的生产关系密切相关。具体而言，公有资本的根本目的在于增加社会积累。在公有资本的活动范围内，劳动者的必要劳动带来的价值用于劳动者消费，反映劳动者的个人利益和当前利益；而剩余价值则用于社会主义扩大再生产，代表了社会利益和长远利益。在公有资本中，资本对剩余劳动的补偿采取的

① 程恩富：《中国特色社会主义政治经济学研究十大要义》，《理论月刊》2021年第1期。

② 参见孟捷：《相对剩余价值生产与现代市场经济——迈向以〈资本论〉为基础的市场经济一般理论》，《政治经济学报》2020年第2期；孟捷：《剩余价值与社会主义政治经济学：一个思想史的考察》，《学术月刊》2021年第2期。相关梳理参见谢超：《剩余价值理论在社会主义政治经济学中的适用性：对一个新范式的形成脉络的考察》，《政治经济学评论》2021年第6期。

是“直接补偿和间接补偿相结合”的形式。所谓直接补偿，就是国有资本分出部分利润以货币形式直接返还给劳动者；所谓间接补偿，则是国有资本将利润上缴给国家后，国家用于各种社会经济建设，从而以社会福利、社会保障、基础设施等形式间接地返还给劳动者。与之相对应，私人资本对劳动的外在强制总是与对私人剩余价值最大化和资本积累的追求密切相关的。私人资本对剩余劳动的补偿以直接补偿形式为主，间接补偿形式为辅。①

有学者对此提出不同的看法，指出要考察剩余价值以及特定所有制的社会性质，不仅要看剩余价值的分配方式，更要看剩余价值的来源和支配方式。即使相当大一部分剩余价值被资本家占有，只要剩余价值的增加很大程度上来源于生产力进步（相对剩余价值生产），资本家群体也很好地充当了“生产资料的委托人”的角色，剩余价值，乃至资本主义私有制也能在很大程度上体现出其社会性（一般性）的一面。同样地，在社会主义市场经济条件下，即使剩余价值最终被国有企业占有，也不能将其无条件地等同于卓炯所说的公共必要价值，而必须要看这部分剩余价值的用途。②

---

① 参见周绍东、陈艺丹：《社会主义市场经济中的“资本”范畴》，《政治经济学研究》2021年第3期。

② 参见孟捷：《相对剩余价值生产与现代市场经济——迈向以〈资本论〉为基础的市场经济一般理论》，《政治经济学报》2020年第2期；孟捷：《剩余价值与社会主义政治经济学：一个思想史的考察》，《学术月刊》2021年第2期。相关梳理参见谢超：《剩余价值理论在社会主义政治经济学中的适用性：对一个新范式的形成脉络的考察》，《政治经济学评论》2021年第6期。

后　记

习近平总书记高度重视资本问题，强调指出，“进入新发展阶段，我国发展内外环境发生深刻变化，面临许多新的重大理论和实践问题，需要正确认识和把握”，“要正确认识和把握资本的特性和行为规律”。在2020年、2021年的中央经济工作会议上及2022年4月29日中央政治局第三十八次集体学习时，习近平总书记都强调了依法规范和引导我国资本健康发展，发挥资本作为重要生产要素的积极作用。以习近平同志为核心的党中央围绕资本问题作出的一系列重要论述，为当前和今后如何引导各类资本规范健康发展提供了科学指南和根本遵循。

改革开放40多年来，我国能够取得如此辉煌的成就，有很多值得总结的经验启示，其中资本的功效必须高度重视。资本同土地、劳动力、技术、数据等生产要素共同为社会主义市场经济繁荣发展作出了贡献，各类资本的积极作用必须充分肯定。在新发展阶段，解放、发展和保护生产力，推进中国式现代化建设，实现以人民为中心的发展，扎实推动共同富裕取得更加明显的实质性进展，我们仍然需要在较长时期拥有较大规模的资本，而且必须高度重视资本“正能量”优势更大程度地发挥，深化对新的时代条件下我国各类资本及其作用的认识。在中国共产党领导下搞社会主义市场经济，是一个伟大的创举。党和政府有能力为各类资本发展营造更加有利的市场环境和法制环境，有能力提高监管水平防止资本无序扩张和野蛮生长，有能力鼓励、支持和引导作为重要生产要素的资本健康发展，使之始终服从服务于人民和国家利益，为全面建设社会主义现代化国家、实现中华民族伟大复兴贡献力量。对此，我们要保持理性、充满信心。

为深化新的时代条件下资本问题研究，全面认识和把握我国社会存在的各类资本及其作用，规范和引导各类资本健康发展，根据中共中央党校（国家行政学院）领导的工作部署和有关要求，我们开展了相关课题的研究，并在内部进行了多次讨论。应中共中央党校出版社邀约，我们组织中共中央党校（国家行政学院）马克思主义学院和经济学教研部的部分专家编写了这本《资本是什么——中央党校专家深层次解读资本的本质和逻辑》。本书由中共中央党校（国家行政学院）马克思主义学院院长张占斌教授牵头研究和写作，马克思主义学院副院长牛先锋教授、副院长陈曙光教授等参与研究讨论和分工写作，马克思主义学院当代资本主义研究所所长黄锟教授协助进行了联系和组织，张占斌、黄锟教授最后负责全书的统稿工作。具体分工：第一章：牛先锋、王巍。第二章：唐爱军、熊杰。第三章：张严、王文轩。第四章：陈曙光、蔡之兵。

第五章：张占斌、毕照卿。第六章：黄锟、朱正平、周钊宇。第七章：周钊宇、薛睿。第八章：蒋茜、田书为。第九章：董小君、王学凯、黄锟、王海燕。第十章：蒋茜、朱正平、周钊宇、薛睿、王学凯。第十一章：张占斌、毕照卿、王学凯。附录：蒋茜、张雪琴、周钊宇。前言、后记：张占斌、黄锟。

我们在研究讨论中，认真组织学习领会习近平总书记关于资本问题的相关重要论述精神，回顾了马克思主义经典作家对此问题的认识，总结党和国家围绕着资本问题百年探索的经验教训，吸收了理论界、学术界的相关研究成果，并以开座谈会等方式了解了中央有关部委和地方政府对此方面的理解看法，也走访调研了一些大中小微型民营企业的想法和建议。但由于资本问题十分复杂，我们的研究也仅仅是初步的，不足之处，欢迎读者批评指正。中共中央党校出版社的领导和老师为本书出版做了大量而细致的工作，是本书高质量及时出版的重要保证。在此，一并表示感谢！

作 者

2022年5月1日